A #1

P Y E H V Q H L W N T S U B N J M O J T
M P W D I J D H W F X R A C R O X V D V
D H A T Q B E T I F E V F F M N J T P K
W I D K X O H N M Z T Y D N R K E C B N
F G T G M R Y D R E Q G E G T Y E U B Q
U I O K N E S Z Q E V J R U P W H K Y R
L Z C Q T Q E R X M E B N G W A I J J I
T E H R E I G U I N D Y L Q P M U W A A
W K M K A I R N A K Z N W G B C Y V W Q
K M K B A I L A N O I T E H I E O E F Y
S B A S Q L F L V H I A U E Y S T H R H
Y D C Q U Y I I Z E T D N E N M D F N D
N E E V I N H F J W R O Y K F C W S M V
A Z R C L N W V E K T S Y G Q I G N K A
G H R V O M N E L N K I A M A L F I S Q
E K A D N Z F Y U G O E R E R X L X A C
R T U I I M P Z S I I K Z R C K V Y P Y
O O C C A I R O L A L Q A N D R E T T A
L I Z V M Y F P X H U T N R H Z L I S T
A V E L L I N O H G J P O E L P Z Z V S

ACERRA
AGEROLA
AILANO
AIROLA
ALIFE
AMALFI
ANDRETTA
AQUILONIA
ARZANO
ASCEA
AVELLINO
AVERSA

A #2

I	P	G	T	E	B	P	H	J	F	I	P	I	R	G	Z	U	L	P	B
T	T	W	F	D	B	H	J	S	D	F	D	O	L	L	J	B	M	J	U
J	P	Y	U	Y	D	A	J	U	Y	Z	P	B	W	R	D	S	F	F	M
Z	Z	F	U	O	A	L	A	R	I	E	N	Z	O	N	T	Z	C	C	X
V	J	B	F	R	X	T	I	L	Y	I	A	O	D	D	T	F	H	C	R
N	A	R	D	C	R	A	E	B	B	L	P	W	W	N	F	X	D	T	F
A	K	F	W	A	V	V	L	F	H	A	V	E	L	L	A	P	A	O	Y
D	K	G	N	L	W	I	L	I	X	N	N	U	C	F	R	O	U	G	D
R	L	I	J	F	D	L	O	W	M	A	G	E	H	Y	K	M	H	G	L
B	G	N	C	A	R	L	H	O	F	C	M	C	L	O	T	M	T	Y	W
Q	V	R	W	N	Y	A	D	T	X	A	K	O	T	L	A	H	D	N	D
L	F	E	T	O	T	W	E	K	T	P	C	V	R	Z	A	P	I	C	E
K	G	D	K	W	J	I	L	N	V	R	F	Y	F	O	U	D	S	B	I
C	F	K	T	N	R	R	G	I	Z	I	L	Y	T	N	S	I	J	Z	D
J	Z	S	S	A	J	P	S	Z	W	B	E	K	M	I	V	I	E	J	K
V	T	Z	J	Z	C	I	A	R	I	A	N	O	C	I	R	P	I	N	O
I	M	T	X	M	B	N	B	G	Q	G	B	X	O	R	U	T	E	D	R
I	O	Z	R	B	F	A	A	T	E	N	A	I	L	U	C	A	N	A	F
N	C	M	T	Q	E	G	T	Q	L	N	U	K	F	B	K	Q	T	V	B
B	I	M	I	R	D	D	O	X	M	L	H	T	B	F	G	R	R	J	H

AIELLO DEL SABATO
ALTAVILLA IRPINA
APICE
ATENA LUCANA
ALBANELLA
AMOROSI
ARIANO IRPINO
ATRANI
ALFANO
ANACAPRI
ARIENZO
AVELLA

A #3

P	L	U	P	S	K	T	Y	J	Q	G	S	E	Y	W	R	U	M	G	W
H	D	S	Y	E	M	T	U	P	Z	E	F	Y	P	Y	G	C	M	N	H
L	U	C	G	P	O	U	X	E	W	P	J	G	H	P	Q	L	K	L	J
B	X	Q	G	D	H	M	U	H	W	R	A	N	Z	H	L	Q	S	Z	R
O	X	P	U	P	Z	A	S	X	B	U	R	N	L	Q	M	D	G	X	A
Y	I	Q	C	T	Q	F	O	T	I	X	J	L	M	N	S	R	D	O	L
T	E	D	M	L	P	U	Z	R	R	H	N	S	U	H	R	I	G	L	X
J	U	C	M	R	D	O	Z	A	H	X	A	V	Q	N	D	C	M	Z	H
S	A	U	L	E	T	T	A	N	G	R	I	C	T	N	Q	A	Q	V	J
G	Q	K	O	V	B	F	R	C	N	R	S	P	E	Y	T	M	X	D	B
P	U	P	D	V	R	Z	P	Z	E	F	O	Y	W	C	J	X	E	L	Z
N	A	P	G	A	N	G	A	R	C	R	I	P	I	K	O	N	T	L	D
X	R	M	G	N	X	Z	I	T	R	A	N	V	O	R	J	S	D	R	O
S	A	O	T	H	I	E	S	K	R	C	Q	O	D	L	R	F	W	W	N
T	L	N	Y	J	L	E	E	G	A	I	E	I	S	R	I	C	O	V	G
A	L	V	I	G	N	A	N	O	E	A	P	O	L	L	O	S	A	P	F
E	A	L	J	M	F	Q	O	T	U	O	G	A	R	P	A	I	A	F	H
J	A	L	T	A	V	I	L	L	A	A	S	I	L	E	N	T	I	N	A
P	L	X	H	K	I	W	F	S	N	O	T	O	B	D	J	M	O	X	M
U	U	K	M	T	A	Z	O	A	M	D	M	T	E	D	A	S	Q	D	O

ACERNO
ALTAVILLA SILENTINA
APOLLOSA
ARPAISE

AFRAGOLA
ALVIGNANO
AQUARA
ATRIPALDA

AGROPOLI
ANGRI
ARPAIA
AULETTA

B #1

J	R	W	B	F	G	V	N	K	B	G	R	O	C	N	Q	W	L	J	B
V	G	H	P	J	R	G	C	G	C	G	S	R	W	R	U	C	I	Q	C
L	F	H	E	V	E	D	R	Y	Z	S	B	L	B	J	H	U	T	U	X
I	W	P	S	F	C	E	P	A	I	G	D	Y	E	C	X	T	J	I	V
T	H	U	J	C	R	E	D	I	G	A	J	T	V	C	E	N	Y	Y	F
Z	D	G	D	E	F	T	R	K	Y	N	F	O	C	N	I	C	U	B	H
V	V	I	J	M	T	Z	Q	M	S	N	Q	Z	A	X	K	O	T	U	J
I	D	B	J	U	U	I	M	S	O	C	M	F	S	C	H	S	Q	O	R
A	Y	Q	B	K	Z	O	B	A	I	A	W	E	W	L	A	T	I	N	A
N	X	Y	A	R	B	U	O	N	A	L	B	E	R	G	O	K	X	A	T
N	E	K	T	K	C	L	I	V	M	P	M	S	B	S	R	B	I	B	P
B	D	H	T	C	R	F	F	O	S	Y	O	N	Q	N	O	Y	J	I	Y
F	H	X	I	P	P	Y	U	F	V	U	J	P	U	B	O	N	I	T	O
D	A	A	P	Y	Y	C	E	Z	O	B	E	L	L	I	Z	Z	I	A	U
Q	N	L	A	C	M	N	L	U	E	O	N	X	F	S	K	B	H	C	T
O	U	D	G	F	L	Y	B	O	S	C	O	R	E	A	L	E	I	O	H
O	V	Y	L	E	X	O	E	R	D	M	Q	S	S	C	C	B	C	L	V
Y	I	C	I	N	N	O	Y	M	C	Q	P	I	Q	C	M	P	O	O	C
S	V	Q	A	E	B	A	R	A	N	O	R	D	L	I	S	C	H	I	A
J	B	R	A	C	I	G	L	I	A	N	O	D	Z	A	R	Y	W	Z	J

BAIA E LATINA	BARANO D ISCHIA	BATTIPAGLIA
BELLIZZI	BISACCIA	BONEA
BONITO	BOSCOREALE	BRACIGLIANO
BUCCIANO	BUONABITACOLO	BUONALBERGO

B #2

T	F	H	P	V	R	F	K	W	A	F	W	M	E	O	P	X	R	W	E
N	G	Y	D	M	B	A	R	O	I	S	E	Z	D	F	L	A	M	N	X
V	B	H	F	K	I	X	N	D	T	I	F	D	N	X	O	V	J	L	W
S	R	Z	O	D	P	A	X	X	C	Z	U	Y	Z	T	B	N	N	K	B
Q	Q	Z	H	H	M	D	X	U	H	M	H	O	I	R	E	F	B	E	O
I	E	U	X	O	N	G	P	U	Z	C	D	F	B	L	A	G	X	V	S
D	S	R	M	D	Q	M	R	T	U	D	C	B	B	A	C	O	L	I	C
R	Z	I	C	R	T	P	U	D	S	S	E	A	A	E	I	S	E	O	O
R	L	V	W	A	B	U	W	V	B	N	G	S	R	C	L	A	J	A	T
S	D	D	I	M	G	E	M	S	E	N	B	E	O	A	P	L	N	I	R
P	L	P	N	C	E	V	L	V	O	N	T	L	N	Q	I	M	O	O	E
Y	R	H	V	M	A	F	E	L	I	W	L	I	I	U	F	E	F	N	C
M	M	A	A	I	P	N	I	N	O	V	S	C	S	I	P	S	N	A	A
L	J	L	V	B	T	I	B	V	K	S	P	E	S	P	E	O	W	X	S
H	P	X	K	O	I	U	U	V	G	R	G	Q	I	S	V	K	U	P	E
Z	Y	N	B	R	U	S	C	I	A	N	O	U	K	X	M	P	H	S	D
Z	M	M	P	T	N	G	C	A	F	X	N	J	A	C	C	X	G	S	R
G	D	I	H	Z	J	W	I	S	H	F	G	T	O	R	K	L	F	T	E
L	N	D	Z	D	L	G	N	S	T	X	B	C	G	X	D	C	E	W	Z
O	F	C	C	T	G	N	O	L	M	G	J	Y	X	I	O	O	M	K	T

BACOLI
BARONISSI
BELLOSGUARDO
BRUSCIANO
BAGNOLI IRPINO
BASELICE
BENEVENTO
BUCCINO
BAIANO
BELLONA
BOSCOTRECASE

C #1

D	K	O	B	L	J	C	A	S	T	E	L	L	A	B	A	T	E	Y	V
E	W	L	X	H	V	A	Q	L	U	O	D	B	Z	P	M	O	R	Q	E
T	S	D	Z	C	A	S	O	L	A	E	D	I	N	N	A	P	O	L	I
D	W	I	W	A	J	T	O	M	P	F	S	B	V	C	C	C	H	B	E
Q	V	P	C	S	X	E	H	E	N	A	U	V	V	O	A	A	H	Y	R
Q	X	C	W	T	H	L	T	O	P	X	Y	J	R	S	S	I	C	I	B
Z	O	L	F	E	R	L	C	W	R	C	C	B	A	N	T	R	U	F	P
V	B	G	D	L	M	S	V	D	U	S	A	L	I	L	E	A	U	O	A
O	W	F	S	P	G	A	L	U	Z	R	F	F	A	T	L	N	K	I	H
N	S	T	V	O	G	N	G	L	A	D	U	K	R	A	F	O	I	N	K
S	L	G	T	T	S	U	L	D	I	D	U	D	U	N	R	U	W	C	J
J	V	P	X	O	W	L	Y	S	H	Z	S	C	T	C	A	P	U	A	S
Y	D	K	L	V	H	O	P	C	Y	Q	E	M	A	A	N	L	J	M	B
S	U	X	X	D	N	R	Y	R	J	R	G	R	K	M	C	Q	P	I	K
R	A	P	A	L	I	E	Z	Y	O	J	D	O	I	P	I	T	Z	G	Y
L	V	G	Y	N	K	N	L	J	Z	I	Y	Y	S	O	N	G	H	L	Y
P	R	M	C	V	Z	Z	Y	O	T	P	U	Z	V	R	V	J	D	I	D
B	R	I	T	L	J	O	O	O	B	M	G	K	U	A	U	G	T	A	Y
G	P	W	K	G	E	Q	O	G	U	O	M	K	J	S	H	B	I	N	U
E	Q	I	G	F	M	N	P	I	Q	J	C	U	T	P	U	Y	F	O	D

CAIRANO
CAPUA
CASOLA DI NAPOLI
CASTELPOTO
CAMIGLIANO
CARDITO
CASTELFRANCI
CASTEL SAN LORENZO
CAMPORA
CASAL DI PRINCIPE
CASTELLABATE
CORBARA

C #2

E	L	I	Y	N	G	P	N	Q	M	N	N	L	D	K	H	J	B	M	T
O	G	B	O	R	H	D	I	E	Q	K	J	M	T	P	F	S	I	M	A
S	C	K	E	K	C	O	L	L	E	B	S	A	N	N	I	T	A	Z	P
T	U	Q	W	S	C	A	S	T	E	L	V	D	I	D	S	A	S	S	O
H	T	U	N	A	U	A	S	Q	S	U	O	C	L	Q	I	V	C	H	L
I	T	H	X	I	S	Z	M	A	U	A	P	W	J	T	Z	C	A	E	J
H	W	F	Q	C	A	V	Z	P	L	R	Q	T	R	T	C	Z	S	U	W
V	T	X	R	O	N	N	C	S	A	B	Q	P	U	O	M	R	S	C	I
G	H	T	M	Z	O	C	J	Z	Z	G	O	X	Y	D	Q	X	A	A	P
U	G	O	Q	H	X	T	T	P	D	P	N	R	K	C	O	L	N	S	C
V	R	H	M	M	M	F	R	E	T	E	V	A	E	R	V	G	O	O	P
M	P	X	I	G	U	L	L	T	Q	E	B	R	Q	I	G	X	N	R	H
F	R	R	I	Y	T	X	K	J	U	D	V	N	K	S	U	D	I	I	B
Y	A	S	D	J	R	T	T	M	L	I	Y	R	K	P	N	M	R	A	B
A	J	H	E	N	I	D	C	S	N	Y	I	B	C	A	B	C	P	N	Y
W	F	Q	R	G	Y	N	C	O	A	S	T	T	E	N	Q	G	I	X	A
L	Y	Z	E	T	U	P	P	Y	O	X	B	Z	V	O	P	Q	N	A	N
L	V	N	Z	G	O	O	G	R	V	W	H	J	J	S	B	G	O	V	I
P	C	P	M	C	A	S	T	E	L	W	V	O	L	T	U	R	N	O	Q
Z	R	K	R	J	C	A	S	T	E	L	Q	M	O	R	R	O	N	E	O

CALVI RISORTA
CASORIA
CASTEL MORRONE
COLLE SANNITA
CAMPAGNA
CASSANO IRPINO
CASTEL VOLTURNO
CRISPANO
CASALBORE
CASTEL DI SASSO
CERVINO
CUSANO MUTRI

C #3

Z	A	L	B	R	A	Q	C	E	L	L	O	L	E	V	Y	U	U	I	M
R	N	K	W	X	S	A	A	A	P	F	A	K	K	O	E	P	Q	O	U
Z	J	M	X	H	S	O	S	A	R	N	C	H	Z	J	T	W	A	G	B
L	E	B	N	E	Q	D	A	T	X	I	H	F	G	W	M	J	Z	E	A
R	X	M	R	J	M	T	L	H	C	C	N	J	L	C	V	Y	N	U	Q
H	O	T	D	I	K	T	N	U	J	W	V	O	F	M	O	P	W	N	V
P	A	B	G	M	D	K	U	A	K	Y	L	Z	L	J	V	R	S	O	S
V	A	H	Y	O	G	I	O	L	S	M	J	L	O	A	A	H	C	Z	H
L	C	U	R	T	I	Z	V	X	T	U	N	Y	H	P	J	A	W	K	B
C	A	S	T	E	L	L	O	L	D	I	P	C	I	S	T	E	R	N	A
I	S	M	Y	O	Y	W	Y	B	W	H	P	C	V	D	J	V	K	J	W
C	T	K	D	G	L	S	D	I	U	V	Q	C	A	E	M	Q	F	N	A
E	E	C	A	S	A	M	I	C	C	I	O	L	A	D	T	E	R	M	E
R	L	H	Q	N	K	N	Y	A	G	B	X	U	M	S	F	A	D	H	F
A	V	I	S	K	G	T	N	S	I	I	K	O	G	Q	X	W	V	P	P
L	E	A	T	F	R	X	A	A	H	U	P	I	A	V	B	F	K	B	E
E	N	N	T	G	R	I	P	L	N	D	S	J	B	E	X	P	K	X	T
R	E	C	V	I	Q	J	O	U	N	I	S	Z	F	G	G	W	R	W	O
C	R	H	T	I	I	T	L	C	A	S	A	L	C	V	E	L	I	N	O
P	E	E	Q	A	V	F	I	E	K	W	G	S	O	Q	L	D	M	M	N

CARINOLA
CASAL VELINO
CASTELLO DI CISTERNA
CHIANCHE

CASALNUOVO DI NAPOLI
CASAMICCIOLA TERME
CASTELVENERE
CICERALE

CASALUCE
CASERTA
CELLOLE
CURTI

C #4

Y	E	C	I	A	S	Y	W	N	J	L	R	H	Q	H	S	R	R	S	M
A	J	O	A	Z	G	P	C	C	Y	S	X	D	G	T	I	Y	C	C	N
J	A	N	C	I	O	R	L	A	N	O	A	J	F	I	E	A	A	A	M
N	T	C	E	W	U	I	H	N	Q	U	W	L	D	J	S	S	S	S	A
O	O	A	L	U	C	I	H	N	V	H	X	R	R	A	T	G	T	E	U
H	H	G	L	H	F	D	I	A	U	M	J	B	P	E	Q	P	E	L	W
G	O	D	E	M	H	G	G	L	E	X	Q	U	L	J	Z	Z	L	L	F
C	G	E	V	L	W	L	W	O	R	B	L	N	E	Q	P	S	L	E	M
M	B	L	D	I	T	D	R	N	B	L	U	R	U	G	Q	J	O	X	V
X	U	L	I	S	E	E	N	G	A	O	A	P	V	K	A	P	C	I	O
Q	Q	A	T	R	L	R	L	A	V	L	W	O	R	H	D	X	D	N	C
A	W	T	B	R	A	L	S	O	S	L	I	I	X	P	T	J	E	T	L
H	Y	C	U	O	G	C	Q	X	X	V	U	M	Y	W	X	R	L	P	S
Z	C	A	L	Z	V	C	A	S	A	N	D	R	I	N	O	E	G	I	D
A	S	M	G	P	I	A	A	M	D	P	Q	E	S	M	H	W	M	T	J
B	E	P	H	L	J	U	H	R	E	X	P	A	G	A	V	X	A	T	L
P	H	A	E	Z	L	T	W	K	I	R	Y	E	M	S	A	X	T	A	G
F	L	N	R	G	S	A	S	V	D	F	O	G	M	B	H	N	E	R	K
Q	T	I	I	T	P	N	L	Y	N	R	E	T	X	U	N	T	S	I	R
O	U	A	A	A	L	O	V	C	B	U	O	Z	A	J	W	O	E	T	G

CAMEROTA	CANNALONGA	CARIFE
CASANDRINO	CASAPULLA	CASELLE IN PITTARI
CASTELLO DEL MATESE	CASTELNUOVO CILENTO	CAUTANO
CELLE DI BULGHERIA	CIORLANO	CONCA DELLA CAMPANIA

C #5

N Q R T Y Z D D B X H F E X M R U W N H
Q N V A A H Y T L A D P D I K C N C C H
M E R Y C A M P O S A N O C Q C A A A S
P W N Y O O Q J Q Q A H Y M W P P P S M
M L Q C C M R D Y P P I N Z A R J O A W
J Q G Y Q O Z L J V B Z Z C I Q N S L P
R O A M L T N E E J E N C A A Z K E B A
V G P G B C C C L T B I T E T L W L U K
E S H N E T A Y A W O I O K S G V E O P
G I R T G S U M C T Z P P E K I O I N V
V X A A P A D T P A D H M R N K N J O R
A R P L D J P A S O L E O O T T D A O F
A S V B N T E V G A L A I U N F B D L N
X U J N N S O R S I J A B Q C F B F R I
G P J D T L X O Q Q S Q T R M C O W U Q
W V Y U T Z R F P K X N M T I A O R D A
O S M U J D M A V G B F F L A T R Y T O
R T R G W F V E S C T L S D F R T I V E
C N X G R D Z W O T N I Z C O Y O O N U
O I D L S M T M C C I H G Z U J W F P I

CALABRITTO
CALVI
CAMPOLATTARO
CAMPOSANO
CAPACCIO PAESTUM
CAPOSELE
CAPRIATI A VOLTURNO
CASALBUONO
CESINALI
CETARA
CONCA DEI MARINI
CORLETO MONFORTE

C #6

D	D	W	H	A	C	P	B	Y	C	A	I	A	N	E	L	L	O	W	Z
I	W	P	C	A	R	B	O	N	A	R	A	M	D	I	Z	N	O	L	A
C	G	J	M	W	C	V	B	C	N	R	B	O	D	O	I	L	K	Q	B
S	R	G	P	W	C	F	V	E	C	X	Y	Y	H	B	U	O	V	S	M
J	K	K	Z	M	W	N	C	R	E	Y	Q	X	P	J	Y	I	J	F	F
S	K	S	H	O	I	T	O	R	L	Y	D	L	E	A	R	O	P	N	D
H	D	D	X	N	M	Y	N	E	L	M	C	A	L	V	A	N	I	C	O
B	R	A	I	K	Y	F	T	T	O	P	U	A	Y	O	B	C	G	C	T
S	V	Q	Z	T	L	F	U	O	F	Q	C	G	S	E	Z	F	L	X	K
W	J	Z	X	E	U	D	R	J	E	X	C	N	E	A	X	W	P	Y	C
P	E	I	A	J	D	O	S	S	D	J	A	Z	E	K	L	Z	E	U	Y
C	A	P	R	I	G	L	I	A	B	I	R	P	I	N	A	D	Z	V	S
I	A	B	E	U	V	N	Y	N	A	D	O	O	N	J	K	X	U	E	T
C	S	P	U	O	W	K	T	N	R	X	A	P	M	K	T	F	H	N	F
C	E	U	O	S	C	F	E	I	N	R	V	J	O	O	K	U	E	O	I
I	E	R	W	D	R	X	R	T	O	F	E	A	Z	H	Y	J	F	N	J
A	Y	M	A	C	R	T	M	A	N	X	T	W	E	H	S	W	R	W	F
N	K	Q	Q	S	X	I	E	A	E	K	E	Q	D	E	N	W	V	B	F
O	K	S	E	L	O	X	S	T	P	B	R	L	N	B	U	I	P	N	Q
Q	O	C	D	W	Q	M	S	E	W	P	E	G	X	U	L	L	D	Y	A

CAIANELLO
CAPODRISE
CASALDUNI
CICCIANO
CALVANICO
CAPRIGLIA IRPINA
CERASO
CONTURSI TERME
CANCELLO ED ARNONE
CARBONARA DI NOLA
CERRETO SANNITA
CUCCARO VETERE

C #7

G	S	H	Q	I	R	N	W	M	Z	W	C	Q	H	C	T	A	A	A	C
G	M	K	B	K	S	Z	A	P	S	T	A	F	N	L	Y	N	A	A	L
P	C	A	I	V	A	N	O	L	B	X	O	O	N	Z	Y	K	J	L	C
V	A	I	T	X	Z	O	C	M	P	Q	C	Y	A	V	F	I	N	V	Y
T	S	W	R	K	S	R	R	S	N	O	Y	A	O	Q	I	Y	U	E	C
N	A	D	P	C	G	P	Q	M	A	E	C	S	V	G	Y	C	C	E	M
J	L	K	O	Y	E	R	E	B	N	K	L	V	W	E	A	A	E	E	L
T	E	H	E	M	U	L	C	B	J	Z	C	L	K	V	S	S	N	M	V
Q	T	O	B	C	J	O	L	K	W	B	C	N	A	A	H	T	T	C	F
O	T	N	U	A	Z	R	B	O	M	H	P	O	V	A	U	E	O	A	I
P	O	T	K	W	C	C	Y	A	S	P	D	A	U	G	I	L	L	S	G
A	Q	Y	E	C	O	X	J	D	G	E	T	R	H	O	E	D	A	A	H
M	S	I	A	E	A	N	O	X	M	O	F	Q	V	B	E	B	Z	M	X
R	P	K	N	G	P	F	Z	T	R	C	E	R	V	I	N	A	R	A	Y
O	A	J	D	F	Y	M	I	E	C	A	E	M	O	L	S	R	U	R	W
D	R	L	A	S	Q	R	H	V	O	F	T	R	Y	I	X	O	L	C	V
W	T	Y	R	Y	R	B	D	T	K	F	V	T	C	P	H	N	B	I	D
C	A	S	T	E	L	P	A	G	A	N	O	X	Y	O	M	I	E	A	H
J	N	X	N	M	Q	A	O	Q	Y	E	Y	I	R	R	L	A	Q	N	A
F	O	I	U	G	S	C	A	S	A	P	E	S	E	N	N	A	R	O	X

CAIVANO
CASAPESENNA
CASTEL BARONIA
CERCOLA
CASALETTO SPARTANO
CASAVATORE
CAVA DE TIRRENI
CERVINARA
CASAMARCIANO
CASTELPAGANO
CENTOLA
CIRCELLO

C #8

Q	I	I	D	A	G	Y	I	L	T	I	B	S	E	P	N	M	V	T	A
X	K	M	Z	K	T	O	G	H	M	B	A	U	I	P	X	G	G	Y	E
W	R	Z	C	I	S	Z	Y	N	V	D	Q	H	A	C	R	T	Z	L	K
D	X	R	Y	L	B	X	V	H	T	F	K	R	G	I	F	Y	D	O	S
Z	V	F	F	X	R	Z	Y	X	W	B	B	M	G	D	D	M	T	A	S
C	C	A	L	I	T	R	I	G	Y	G	M	P	G	P	C	K	N	N	T
C	A	S	T	E	L	N	U	O	V	O	Y	D	I	T	C	O	N	Z	A
O	S	P	V	L	X	G	X	H	A	R	P	T	P	P	P	O	Z	C	H
L	T	H	R	T	V	R	D	N	L	R	A	M	O	L	L	T	R	M	J
L	E	O	C	I	M	G	P	A	K	M	M	V	E	X	F	P	D	O	A
I	L	K	Q	W	J	F	V	V	C	A	L	V	I	Z	Z	A	N	O	C
A	C	A	S	T	E	L	S	S	A	N	W	G	I	O	R	G	I	O	O
N	I	E	P	X	I	A	B	L	N	W	P	W	O	Y	T	J	N	S	N
O	V	F	P	X	C	H	O	W	D	C	I	K	R	F	M	T	K	G	T
E	I	W	S	P	N	R	J	N	I	Z	M	W	I	P	R	I	D	K	R
M	T	N	M	D	A	Y	F	V	D	L	V	I	E	A	X	A	S	F	O
H	A	O	N	D	V	L	B	K	A	U	N	B	D	F	Y	Z	N	K	N
I	B	K	S	L	B	E	O	D	B	C	E	A	Q	E	K	I	M	M	E
A	U	G	N	V	R	T	V	N	X	L	J	V	I	E	H	A	Q	M	L
Y	V	K	Z	X	R	C	O	M	I	Z	I	A	N	O	E	K	B	U	A

CALITRI
CAPRI
CASTEL SAN GIORGIO
COMIZIANO

CALVIZZANO
CASTELCIVITA
CEPPALONI
CONTRADA

CANDIDA
CASTELNUOVO DI CONZA
COLLIANO
CONTRONE

C #9

C	O	N	Z	A	B	D	E	L	L	A	G	C	A	M	P	A	N	I	A
R	Z	O	B	K	D	I	Q	H	M	B	R	J	H	X	I	J	J	D	G
G	N	T	A	P	D	Y	B	U	C	V	K	U	K	G	H	A	E	F	Z
I	A	F	B	T	M	T	D	U	J	I	I	C	N	B	A	Z	M	N	X
H	A	Z	P	B	G	J	G	T	T	H	O	H	D	U	L	I	V	T	R
N	G	Q	B	H	I	U	O	J	X	G	X	G	A	N	W	U	B	D	J
U	H	K	M	G	E	Q	B	V	P	C	E	Z	E	G	Z	X	K	Q	K
Q	L	N	J	H	A	G	D	A	X	P	W	U	R	L	E	D	P	P	U
L	E	F	B	V	E	R	M	R	F	G	E	N	M	L	E	S	X	T	C
J	O	E	I	C	T	V	O	I	L	X	C	A	R	I	N	A	R	O	B
U	Y	Y	E	K	T	X	F	D	K	I	J	A	D	O	D	B	X	E	K
O	A	G	Z	N	Q	G	V	X	M	F	Q	Z	S	A	Q	Y	X	P	R
L	T	D	E	H	H	L	E	I	M	E	F	K	C	A	I	A	Z	Z	O
U	F	X	N	S	F	E	T	I	V	Z	N	A	W	E	G	C	C	Y	A
P	G	I	M	T	M	I	A	O	V	L	G	T	M	X	S	I	W	N	M
C	V	S	Q	I	L	W	C	T	B	G	I	F	J	T	E	A	O	U	W
E	K	Z	D	E	F	W	E	K	I	L	V	A	S	C	K	P	Q	V	Z
C	A	S	T	E	L	B	C	A	M	P	A	G	N	A	N	O	W	K	E
K	P	C	F	P	O	P	N	Q	Y	O	J	Z	P	Y	N	A	B	D	X
R	R	Q	U	T	G	O	N	K	M	P	C	X	J	J	L	G	A	Y	E

CAGGIANO
CASAGIOVE
CIMITILE

CAIAZZO
CASTEL CAMPAGNANO
CONZA DELLA CAMPANIA

CARINARO
CESA

D #1

J	H	J	U	N	D	G	I	M	Z	K	O	M	P	X	T	S	I	L	H
D	E	E	S	X	X	C	Y	Q	Z	Z	B	N	X	D	L	E	F	R	V
R	I	N	V	G	I	Z	Y	E	C	W	J	O	P	G	A	O	G	F	A
Q	R	X	W	P	D	C	A	L	L	S	Y	J	W	P	F	G	H	N	A
M	R	R	W	H	B	G	B	X	E	P	D	L	U	X	O	N	X	F	I
B	H	L	H	U	E	I	I	W	M	R	S	U	Y	S	T	Y	X	E	U
V	Q	E	C	X	Y	P	Q	U	F	Y	C	X	L	G	R	W	R	M	X
S	I	H	R	I	N	E	B	R	P	R	C	D	O	R	V	Q	W	H	R
F	L	Y	U	N	F	T	U	U	K	G	W	F	I	Y	B	D	F	R	L
K	S	U	W	U	V	E	F	J	K	Z	I	J	J	Q	Y	E	W	C	M
F	J	D	V	V	X	S	Q	X	T	Q	N	P	N	L	L	K	F	N	H
M	Q	A	X	U	U	I	W	H	O	W	B	Q	N	T	E	X	T	D	J
X	A	S	Q	K	I	L	G	O	L	L	N	P	O	K	F	D	U	U	N
E	X	C	X	P	G	J	X	Y	W	G	B	K	S	J	H	R	M	G	B
Z	W	Z	A	L	U	A	V	E	H	M	S	B	D	E	A	A	M	E	M
I	Q	I	V	R	P	Y	I	B	T	R	Z	H	G	Z	Q	G	G	N	Q
I	N	Z	U	A	G	M	B	C	O	C	C	I	Z	U	S	O	M	T	E
M	P	V	Z	U	P	G	V	E	D	Z	J	A	W	Z	U	N	U	A	J
L	Q	U	W	D	N	P	W	Z	M	T	N	P	A	X	I	I	R	R	M
X	Z	F	L	C	F	Y	J	Y	D	O	M	I	C	E	L	L	A	R	A

DOMICELLA DRAGONI DUGENTA
DURAZZANO

E #1

L	W	J	G	O	S	X	D	X	O	R	E	Y	O	T	Z	E	J	W	R
V	V	Y	G	G	A	R	A	Z	C	Z	N	V	W	Y	G	Q	P	R	G
B	L	W	P	T	R	O	A	I	E	R	V	T	G	X	O	W	C	I	H
Y	S	M	C	A	J	R	F	N	T	S	L	A	N	I	M	S	T	K	I
E	Y	E	X	I	F	F	Z	K	G	E	W	F	P	S	G	E	K	J	A
F	P	O	P	N	R	X	K	A	W	R	X	W	F	R	G	W	P	A	Z
Q	N	E	G	R	K	T	I	T	C	B	G	T	E	C	U	T	A	F	D
O	R	D	W	O	Q	K	Q	J	O	Y	I	Y	J	P	T	Q	C	B	Q
V	G	O	U	H	O	I	G	Y	V	Q	C	I	J	E	V	Z	H	I	C
R	L	W	V	D	C	B	O	N	D	A	D	E	Y	H	R	A	T	K	K
I	M	E	I	P	D	R	U	K	C	K	D	G	R	V	S	K	C	D	B
Z	E	B	N	L	E	D	V	D	O	C	O	F	T	A	H	X	O	T	H
G	L	W	T	T	C	L	A	T	F	I	S	A	U	P	E	V	U	Y	S
I	A	E	R	C	O	L	A	N	O	J	D	M	G	K	U	U	U	U	N
H	U	B	X	I	D	S	W	C	N	T	P	M	R	Y	Y	S	P	B	X
R	Y	O	I	O	B	E	W	G	T	U	L	W	C	M	J	I	R	T	U
S	U	L	B	H	Z	N	B	W	D	V	L	G	L	M	E	W	T	Z	I
V	N	I	X	K	M	O	L	Q	S	O	P	I	Q	Q	X	M	B	U	B
B	A	O	R	U	P	J	A	J	N	G	O	T	B	R	O	K	J	H	O
U	X	A	M	G	T	V	E	R	U	O	V	U	M	P	B	I	B	T	U

EBOLI ERCOLANO

F #1

F	O	R	M	I	C	O	L	A	G	U	U	J	V	N	T	J	Z	S	W
A	O	U	D	D	W	T	B	F	C	Z	D	Z	F	G	A	O	N	E	J
L	N	N	N	C	P	O	F	P	L	F	M	T	N	X	A	M	B	U	L
C	E	I	T	N	J	L	R	W	K	H	L	V	C	Y	C	K	R	P	G
I	Y	F	R	A	G	N	E	T	O	Z	M	O	N	F	O	R	T	E	M
A	P	O	F	S	N	D	W	C	A	E	Y	K	V	K	O	I	F	G	D
N	S	G	I	R	D	A	J	E	K	A	X	G	B	X	Y	T	X	A	B
O	I	L	S	W	A	X	R	P	E	K	G	S	Y	U	V	M	M	O	M
S	E	I	C	V	P	S	K	O	I	Q	B	U	G	Q	O	C	D	I	C
D	Y	A	I	D	F	X	S	F	S	E	H	G	X	S	N	Q	Z	R	N
E	Z	N	A	M	E	M	O	O	O	A	I	M	S	K	O	X	H	H	A
L	D	I	N	D	T	U	W	P	N	N	G	G	D	A	O	F	C	Q	N
J	I	S	O	Y	F	X	F	R	A	T	T	A	M	I	N	O	R	E	A
M	M	E	K	Q	Q	A	U	R	V	E	E	E	P	W	F	R	J	M	X
A	T	X	J	F	I	M	R	M	I	Z	A	L	S	K	N	C	X	H	U
S	H	J	C	C	N	U	O	T	D	G	L	W	E	S	O	H	I	X	F
S	S	P	C	J	P	T	R	D	E	L	E	Q	Y	S	I	I	F	E	F
I	N	H	N	B	A	T	E	Z	Q	X	P	N	X	Q	I	A	L	A	R
C	I	T	M	E	U	U	J	Z	J	F	G	P	T	O	S	N	E	O	K
O	R	K	T	H	A	M	Y	C	Z	R	N	L	M	O	Q	K	O	A	G

FAICCHIO
FOGLIANISE
FORMICOLA
FRATTAMINORE

FALCIANO DEL MASSICO
FONTANAROSA
FRAGNETO MONFORTE
FRIGENTO

FISCIANO
FORCHIA
FRASSO TELESINO
FURORE

F #2

S	S	N	R	P	V	J	X	D	P	Y	M	N	C	C	F	Z	Z	N	X
M	B	D	E	O	H	Q	C	D	N	M	R	I	O	F	S	W	K	L	N
F	N	M	P	K	X	O	U	H	V	L	T	X	Q	N	S	Z	C	Y	H
B	L	L	X	S	E	D	D	L	M	G	X	O	U	T	X	X	X	K	F
Z	Y	V	P	N	U	T	S	R	K	P	L	F	F	E	L	I	T	T	O
Q	Y	Z	Z	P	K	W	Q	N	J	H	O	R	O	L	F	D	V	C	R
B	N	G	G	P	V	I	J	N	A	R	A	A	N	A	U	C	Q	R	I
H	N	S	X	J	M	T	M	L	I	N	K	G	T	B	T	M	F	L	O
X	G	R	K	H	Q	I	I	N	C	L	A	N	E	B	A	T	E	F	M
R	N	Z	B	H	Q	Z	O	O	G	H	X	E	G	G	N	A	H	R	W
F	Q	G	B	E	Y	E	L	F	N	V	Y	T	R	S	I	U	X	I	I
I	K	S	Y	P	R	I	M	B	Q	J	B	O	E	I	X	L	B	G	P
T	E	Q	G	M	S	L	U	R	M	L	J	L	C	J	P	C	R	N	G
P	P	A	E	E	G	W	J	Z	D	B	I	L	A	Y	R	F	G	A	C
H	A	K	Y	W	Z	Z	R	A	S	J	A	D	L	M	J	F	M	N	C
Y	B	S	B	Z	B	H	I	T	J	S	J	A	G	I	U	S	R	O	A
H	X	Q	Z	W	Q	Y	E	Z	Y	A	P	B	U	C	P	D	B	G	I
K	I	A	C	N	F	R	A	T	T	A	M	A	G	G	I	O	R	E	S
X	W	R	Z	G	E	I	Q	Z	R	F	N	T	C	M	O	B	D	P	V
B	D	O	H	Z	F	Q	J	H	E	A	A	E	N	W	Q	H	K	S	E

FELITTO
FORINO
FRANCOLISE
FUTANI
FLUMERI
FORIO
FRATTAMAGGIORE
FONTEGRECA
FRAGNETO L ABATE
FRIGNANO

G #1

T	D	Y	D	R	G	R	A	Z	Z	A	N	I	S	E	M	M	G	W	K
Q	Z	A	X	G	R	A	G	N	A	N	O	E	L	Z	N	L	S	Z	D
D	U	L	V	G	I	U	N	G	A	N	O	Q	X	N	U	P	N	B	X
Z	J	B	F	B	C	R	N	Z	T	B	Y	X	F	S	P	J	S	P	R
Y	I	Q	N	I	I	S	W	Q	W	U	R	Q	W	V	O	N	A	M	D
S	I	D	O	Q	G	I	O	I	A	T	S	A	N	N	I	T	I	C	A
Q	B	L	N	X	N	J	R	U	J	A	R	R	M	E	Y	M	M	B	L
M	A	C	J	G	A	L	L	O	T	M	A	T	E	S	E	E	L	M	X
H	Z	W	M	F	N	J	O	U	O	X	L	Z	Y	G	A	C	V	X	B
F	G	I	F	F	O	N	I	P	V	A	L	L	E	W	P	I	A	N	A
G	R	U	M	O	W	N	E	V	A	N	O	M	Q	U	G	N	J	V	L
A	R	I	N	L	D	B	J	F	T	M	I	A	B	S	A	M	S	D	A
L	J	E	P	T	I	S	N	D	U	C	V	X	C	J	V	D	F	S	I
L	E	R	C	J	N	M	F	Y	N	W	F	E	B	J	N	K	L	S	F
U	Q	P	A	I	A	X	R	U	B	M	F	T	T	N	P	W	B	W	Q
C	J	Y	Q	K	V	O	K	T	A	R	M	K	E	T	G	C	C	T	Z
C	X	M	C	G	E	S	U	A	L	D	O	C	U	Y	I	V	C	Q	Z
I	B	W	F	G	R	O	T	T	A	M	I	N	A	R	D	A	R	A	P
O	N	C	K	L	S	G	E	I	Z	W	U	B	M	H	G	S	M	S	R
G	G	G	H	R	A	Q	A	J	S	J	V	I	C	I	K	M	V	O	E

GALLO MATESE
GALLUCCIO
GESUALDO
GIFFONI VALLE PIANA
GIOIA SANNITICA
GIUNGANO
GRAGNANO
GRAZZANISE
GRECI
GRICIGNANO DI AVERSA
GROTTAMINARDA
GRUMO NEVANO

G #2

D	I	O	L	K	G	K	S	F	Q	G	X	Z	W	W	D	K	A	Q	C
Z	Q	C	J	A	I	G	T	M	G	H	I	K	U	Y	I	D	T	E	Z
V	J	R	V	M	F	I	Z	I	F	Z	O	G	Z	C	F	K	G	K	E
P	G	J	F	U	F	L	C	B	P	T	V	A	D	O	W	R	H	N	Z
M	Y	L	E	O	O	Z	W	N	G	M	S	X	D	P	B	P	H	K	T
C	L	T	Z	X	N	C	B	O	U	A	Y	L	R	A	U	R	S	T	K
G	U	A	R	D	I	A	M	S	A	N	F	R	A	M	O	N	D	I	O
W	R	A	C	H	Y	I	V	G	R	C	O	U	R	T	I	R	K	R	K
O	N	Q	D	E	S	N	A	W	D	H	G	G	O	A	S	G	S	Y	B
I	S	A	U	V	E	P	N	O	I	U	R	O	S	C	L	X	Y	R	F
Z	C	Y	P	B	I	U	G	I	A	N	O	J	V	E	T	U	S	T	O
M	U	N	R	V	Q	N	I	Y	Y	O	T	N	L	W	H	Z	V	W	B
K	N	W	F	R	C	Q	O	T	L	K	T	K	G	B	R	U	J	A	S
O	I	F	L	C	A	L	I	H	O	U	O	O	U	F	E	I	O	F	Y
J	K	D	G	P	S	W	W	E	M	J	L	V	Y	I	C	Z	S	X	K
A	O	O	A	E	A	B	I	V	B	W	E	L	G	V	J	H	D	P	L
Y	L	M	G	E	L	Q	N	X	A	U	L	M	E	E	Z	C	X	J	A
Z	G	P	Z	G	I	G	N	U	R	E	L	Q	H	X	G	D	P	U	X
B	T	P	A	L	R	S	D	T	D	N	A	K	K	E	L	C	D	M	Q
X	Q	R	U	E	W	Y	B	O	I	D	U	D	H	Z	U	Q	T	D	G

GIANO VETUSTO
GROTTOLELLA
GIFFONI SEI CASALI
GUARDIA LOMBARDI
GIOI
GUARDIA SANFRAMONDI

I #1

L	D	Z	L	B	I	K	F	W	F	F	A	S	R	U	G	G	F	V	Y
C	S	W	D	X	Y	Q	Y	T	F	F	Z	B	C	R	V	X	M	V	F
V	W	K	S	S	A	I	D	Y	H	E	V	O	Q	T	A	X	I	U	I
U	V	B	P	R	L	W	Q	M	L	B	S	R	A	V	Z	R	U	I	O
C	A	R	I	F	D	X	P	O	P	M	D	C	B	G	G	I	U	S	I
L	J	B	N	S	E	P	D	I	S	P	A	N	I	P	P	U	P	F	P
R	Y	T	P	T	N	D	O	S	C	H	X	U	Y	S	O	W	Q	E	X
W	F	E	E	W	M	U	R	C	V	K	Q	C	H	J	C	I	G	Q	O
Q	E	D	U	J	E	I	M	H	T	T	H	Z	V	O	J	N	P	Y	O
H	E	G	H	R	S	Z	G	I	C	F	C	N	E	G	U	Y	T	U	B
R	Y	F	F	W	T	V	S	A	T	K	E	H	M	P	G	M	E	M	E
T	E	M	B	E	O	B	H	R	L	R	J	Y	H	Q	V	M	X	C	M
T	L	G	C	F	Q	B	Q	G	U	Q	T	U	R	I	O	W	O	R	N
O	A	I	D	N	K	S	Y	H	Q	S	J	B	E	K	U	O	Z	B	K
S	C	J	W	T	F	Y	I	T	A	Q	W	A	N	Q	A	V	Y	K	Q
Z	V	Z	M	R	Z	S	R	A	Q	M	M	I	X	P	J	S	D	O	O
D	I	Y	U	L	Y	F	P	H	W	J	Z	F	Y	K	V	W	H	W	M
A	T	B	I	J	D	C	F	P	Y	Y	B	K	L	N	U	Z	Y	O	B
D	Y	B	I	N	V	N	P	Z	W	D	G	L	D	Q	M	Z	V	E	K
Z	Y	T	F	D	W	G	J	F	Q	U	Z	X	Q	D	G	D	R	G	M

ISCHIA

ISPANI

L #1

T	F	P	J	C	G	B	R	N	B	P	C	K	O	J	Q	R	Z	Y	X
M	R	I	R	E	O	A	P	T	G	W	P	U	B	L	E	Y	C	U	K
Q	I	C	X	Q	Y	S	S	D	K	G	C	H	N	M	Y	T	D	N	T
J	U	T	P	I	Z	W	B	R	N	V	B	R	O	V	I	T	H	G	D
Z	P	W	H	N	S	U	J	M	B	P	L	L	A	U	R	I	T	O	M
D	A	S	R	N	X	M	S	M	B	G	U	A	I	Q	O	K	V	Z	L
R	X	U	U	D	L	K	F	M	J	S	Q	U	V	M	H	K	D	J	W
N	V	A	T	R	C	R	Z	J	C	J	C	R	U	I	A	Q	I	L	V
A	R	O	I	H	O	Z	E	I	K	X	S	E	N	T	A	T	C	K	S
V	E	Z	K	S	Q	X	A	J	V	V	E	A	B	X	Y	N	O	S	U
N	Q	Z	A	D	U	N	Y	X	H	J	Z	N	A	B	K	U	O	L	J
A	K	B	C	I	O	E	W	P	R	I	U	A	Q	K	M	O	R	N	A
C	V	H	O	C	Q	H	U	Y	T	T	J	G	A	D	O	V	C	V	L
S	A	N	Q	F	W	D	W	Y	P	X	K	C	L	U	S	T	R	A	I
S	X	U	I	R	G	N	I	N	E	F	C	I	A	E	A	E	U	L	B
T	A	I	F	F	N	W	F	Z	P	O	V	L	U	L	T	R	E	C	E
F	W	P	A	D	G	P	F	M	C	E	A	E	R	Y	I	T	T	W	R
N	C	J	T	O	H	R	W	H	R	D	G	N	O	N	I	Q	E	Q	I
H	G	C	I	A	U	J	C	I	X	Z	A	T	O	N	C	X	S	R	V
E	C	T	D	Z	D	V	F	Q	L	C	Q	O	O	G	N	F	Z	C	E

LAUREANA CILENTO
LAURO
LETTERE
LIVERI

LAURINO
LAVIANO
LIBERI
LUSCIANO

LAURITO
LETINO
LIMATOLA
LUSTRA

L #2

N	A	H	O	K	H	N	R	V	E	E	Q	R	L	Y	J	C	Q	Q	K
F	N	F	S	S	Z	V	J	N	S	R	R	U	A	C	B	B	D	S	M
A	S	P	Z	R	R	F	M	S	L	R	J	P	D	F	D	B	W	S	R
Q	V	X	A	K	D	A	A	V	J	J	D	N	P	K	U	T	C	U	T
I	N	C	L	R	I	I	W	Q	E	O	N	L	R	Z	F	I	L	B	M
B	L	S	O	K	U	Z	E	I	T	Q	B	Z	U	K	D	L	R	V	V
W	I	V	V	A	I	Z	H	O	X	G	S	E	I	H	Y	A	H	V	G
C	T	B	B	N	E	V	O	B	N	M	U	D	I	F	I	D	R	L	E
L	W	M	E	J	W	M	M	B	G	F	H	U	A	T	D	H	R	I	L
B	I	P	Q	L	K	B	I	L	L	U	O	G	O	S	A	N	O	I	K
B	C	L	T	T	W	U	H	I	A	A	X	M	W	F	P	C	N	T	E
C	C	R	N	F	A	O	O	H	P	C	C	A	A	B	O	W	I	T	T
L	A	I	Z	Z	S	N	W	I	I	A	E	C	E	Y	G	U	A	O	G
M	X	N	S	S	I	M	A	H	O	Z	L	D	O	Z	W	H	X	P	N
N	S	R	I	M	E	Q	G	L	E	K	I	C	O	P	A	U	L	P	U
X	V	H	D	Q	A	C	M	N	Q	N	Z	V	Y	N	A	M	K	X	S
J	E	U	Y	W	H	T	M	C	Y	D	U	N	U	F	I	M	C	R	Y
W	G	V	K	Q	P	Z	U	E	I	I	M	J	F	X	A	A	E	X	J
B	I	P	S	E	U	H	R	I	N	D	S	U	V	E	O	I	B	N	V
H	T	N	N	A	D	I	U	E	Z	P	X	X	M	H	V	L	G	A	O

LACCO AMENO
LIONI

LACEDONIA
LUOGOSANO

LAPIO

M #1

S	E	M	H	K	A	Y	O	F	T	X	B	T	O	T	N	B	U	E	M
A	Y	A	Y	I	Q	P	D	K	R	P	C	Q	T	B	N	C	J	C	O
V	G	G	Z	I	I	K	G	J	R	R	N	B	P	I	V	W	W	C	N
W	T	L	E	Y	T	S	C	T	L	U	S	W	H	N	X	Y	T	A	T
X	Q	I	F	K	L	V	N	M	Z	U	Z	N	C	H	G	T	E	O	E
S	L	A	Z	X	F	F	S	B	C	D	Y	N	O	F	V	A	W	W	C
A	P	N	H	U	P	X	E	V	K	F	O	H	M	O	I	A	N	O	O
S	J	O	O	Y	C	A	T	S	W	N	C	A	O	X	U	A	U	C	R
O	B	P	B	Y	N	F	G	H	F	H	S	P	N	M	D	S	E	N	V
B	H	V	A	V	F	G	K	O	Z	S	A	M	T	A	U	D	C	P	I
P	R	E	X	K	Q	H	E	E	A	O	N	E	E	R	P	V	M	U	N
R	H	T	L	I	K	D	G	F	P	U	M	E	L	I	Z	Z	A	N	O
Z	R	E	D	Y	G	X	D	Y	V	Z	O	D	L	G	E	Y	D	U	E
M	A	R	I	G	L	I	A	N	E	L	L	A	A	L	O	A	D	W	R
A	S	E	X	D	X	F	K	L	S	O	M	L	Z	I	T	F	A	N	O
O	D	B	L	S	O	D	R	F	U	G	L	H	A	A	X	K	L	R	V
R	Q	M	O	N	T	A	G	U	T	O	Z	K	P	N	F	U	O	Y	E
Y	F	M	O	N	T	E	F	U	S	C	O	I	U	O	L	I	N	F	L
G	M	I	R	A	B	E	L	L	A	W	E	C	L	A	N	O	I	U	L
A	T	E	H	F	G	X	J	I	U	H	A	Z	H	E	G	A	A	K	A

MADDALONI
MARIGLIANO
MIRABELLA ECLANO
MONTECORVINO ROVELLA
MAGLIANO VETERE
MASSA DI SOMMA
MOIANO
MONTEFUSCO
MARIGLIANELLA
MELIZZANO
MONTAGUTO
MONTELLA

M #2

E	R	G	A	G	N	B	S	F	C	U	W	V	L	K	V	Y	M	M	R
M	O	N	T	E	C	A	L	V	O	Q	I	R	P	I	N	O	O	O	Q
T	J	C	I	E	H	R	N	H	P	E	K	W	U	O	N	R	N	N	U
O	M	P	G	O	P	Q	K	J	P	G	R	V	H	T	I	H	T	T	I
F	G	M	A	R	C	I	A	N	I	S	E	L	E	G	D	B	E	E	U
O	R	O	O	C	U	Y	I	H	N	D	L	F	E	D	P	N	S	V	N
M	I	N	B	R	X	A	G	X	W	W	A	R	Z	R	Q	O	A	E	E
E	D	T	A	N	R	P	E	D	C	L	A	S	A	G	A	G	R	R	V
X	U	A	D	Y	X	A	A	R	C	T	T	R	A	N	E	G	C	D	M
X	Q	N	W	Y	Q	X	M	I	I	V	U	S	B	G	H	S	H	E	P
U	T	O	W	V	Z	V	O	D	Y	Y	Q	D	J	Q	V	F	I	Z	X
T	F	X	N	H	X	N	J	S	E	E	V	Q	W	C	L	M	O	S	X
E	Q	A	T	M	E	L	I	T	O	O	I	R	P	I	N	O	Q	O	L
J	R	N	U	O	T	L	K	L	L	C	S	L	L	I	U	N	H	H	W
U	K	T	G	R	P	A	X	X	X	J	C	A	F	S	N	T	H	F	Z
T	V	I	I	C	P	G	G	K	M	C	V	C	N	T	Y	O	G	H	Q
G	Y	L	M	O	N	T	E	C	O	R	I	C	E	C	Z	R	C	H	O
C	Z	I	O	N	J	N	L	T	A	B	M	S	D	U	T	O	N	G	E
R	M	A	F	E	U	K	Q	I	I	U	G	Y	I	G	M	I	K	M	O
L	G	O	I	Q	D	H	R	X	F	Z	V	N	E	J	N	E	S	A	K

MARCIANISE
MONTECALVO IRPINO
MONTESARCHIO
MORCONE

MELITO IRPINO
MONTECORICE
MONTEVERDE
MORIGERATI

MONTANO ANTILIA
MONTEFALCIONE
MONTORO
MORRA DE SANCTIS

G	S	I	Y	T	R	T	N	P	K	Q	K	M	J	J	S	L	H	M	R
Q	R	M	A	C	E	R	A	T	A	U	C	A	M	P	A	N	I	A	K
L	H	O	M	A	S	S	A	K	L	U	B	R	E	N	S	E	X	V	W
N	M	S	Q	F	Q	Y	C	M	X	I	E	Z	K	C	Q	W	P	M	M
I	W	C	M	O	N	T	E	F	R	E	D	A	N	E	Y	X	A	U	O
P	F	H	P	Z	W	V	C	W	O	O	Z	N	W	F	W	D	T	G	N
F	O	I	B	R	Q	A	M	G	Z	Q	D	O	W	A	A	Y	M	N	T
O	Q	A	V	A	Z	V	O	J	J	O	F	A	Q	F	T	S	D	A	E
D	P	N	V	S	B	U	X	Z	W	B	W	A	P	H	C	B	L	N	U
F	N	O	E	O	N	O	S	N	S	G	B	P	R	I	G	A	H	O	D
N	Z	A	J	H	G	V	M	D	O	S	J	P	W	B	P	F	W	U	I
J	M	O	N	T	E	X	S	A	N	C	G	I	A	C	O	M	O	D	B
K	W	E	C	C	Q	F	H	R	J	B	Z	O	S	U	H	A	Q	I	P
M	O	N	T	E	M	A	R	A	N	O	M	N	I	E	J	I	S	O	R
M	E	R	C	A	T	O	T	S	A	N	P	S	E	V	E	R	I	N	O
V	C	F	D	N	M	Y	N	Y	I	V	V	A	Q	G	N	C	V	A	C
P	A	P	E	Y	V	C	L	N	F	Q	K	X	R	F	H	S	T	P	I
M	I	G	N	A	N	O	E	M	O	N	T	E	Q	L	U	N	G	O	D
S	K	C	K	I	U	Z	F	L	L	S	U	B	J	P	D	J	B	L	A
V	B	S	G	G	I	R	G	R	X	E	A	G	D	O	F	J	X	I	A

MACERATA CAMPANIA
MERCATO SAN SEVERINO
MONTEFREDANE
MONTE SAN GIACOMO
MARZANO APPIO
META
MONTEMARANO
MOSCHIANO
MASSA LUBRENSE
MIGNANO MONTE LUNGO
MONTE DI PROCIDA
MUGNANO DI NAPOLI

M #4

A	E	H	L	C	A	N	N	Z	Z	M	L	O	Z	P	H	V	N	M	M
I	A	M	N	R	G	L	A	K	D	I	L	S	M	R	X	M	I	O	E
I	M	O	N	D	R	A	G	O	N	E	X	O	I	G	O	N	I	N	R
K	E	L	U	C	R	S	M	L	K	I	Q	E	L	M	O	O	J	T	C
U	L	I	R	Z	C	T	M	S	R	F	D	H	A	R	C	B	W	E	O
O	I	N	O	V	E	Y	A	L	K	G	C	R	I	D	Z	Y	H	F	G
N	T	A	Q	A	S	S	R	Z	Y	Y	Z	Y	E	A	W	U	L	O	L
R	O	R	Z	S	A	Y	A	F	G	A	A	L	T	S	E	B	W	R	I
J	O	A	I	W	K	U	N	M	N	M	L	K	E	D	V	W	R	T	A
K	D	R	A	R	O	A	O	O	O	A	A	I	Q	N	O	Z	C	E	N
N	I	X	C	E	A	P	T	D	B	N	Y	I	A	N	X	V	O	O	O
W	J	W	S	H	L	D	D	C	C	O	T	G	O	I	E	D	Q	C	M
O	N	I	R	L	I	M	I	E	X	C	C	E	U	R	N	W	D	I	V
F	A	J	M	H	R	V	J	A	H	A	O	V	M	X	I	X	G	L	S
O	P	Y	N	Q	I	I	N	K	R	L	W	Z	O	I	J	O	W	E	A
U	O	O	E	T	Z	X	A	H	Y	Z	C	Y	D	G	L	A	B	N	A
Y	L	U	E	K	E	O	P	K	W	A	S	C	W	B	H	E	J	T	A
A	I	L	I	T	H	K	O	I	C	T	O	S	L	Z	L	U	T	O	Y
G	L	C	F	Y	P	I	L	H	Z	I	M	E	Y	Z	V	T	X	T	Q
A	A	D	R	U	A	F	I	G	Z	P	E	V	V	V	X	L	E	U	O

MAIORI
MARZANO DI NOLA
MINORI
MONDRAGONE

MANOCALZATI
MELITO DI NAPOLI
MOIO DELLA CIVITELLA
MONTEFORTE CILENTO

MARANO DI NAPOLI
MERCOGLIANO
MOLINARA
MONTEMILETTO

M #5

C	V	X	B	I	X	S	U	F	B	Z	L	U	N	T	G	O	R	I	S
R	I	D	B	S	T	V	E	Z	W	E	Y	I	B	Z	U	R	L	X	H
R	M	H	M	C	T	G	C	H	N	P	M	L	T	C	F	Q	G	I	G
W	E	J	U	P	X	M	T	C	O	L	D	J	U	K	K	V	X	I	N
G	L	E	I	I	Y	U	W	O	A	B	B	X	C	N	Q	Z	F	D	U
K	T	G	F	V	A	X	A	Q	M	H	U	A	M	O	Z	H	Q	Q	J
X	E	A	D	N	A	V	V	B	E	S	T	A	T	Y	W	R	P	S	O
B	B	S	Y	H	J	B	Y	Q	C	W	Q	T	G	C	M	Z	K	J	D
T	S	A	G	S	F	B	N	I	E	R	D	O	O	P	W	E	S	N	A
J	I	F	I	T	Y	C	M	C	E	U	W	S	D	T	R	O	R	O	F
X	L	V	W	N	W	K	C	L	B	H	R	J	C	E	N	O	T	T	V
M	R	J	I	Z	M	G	X	V	R	A	U	C	J	U	O	X	F	H	K
K	C	H	M	O	N	T	E	F	O	R	T	E	B	I	R	P	I	N	O
A	U	G	G	N	D	L	B	F	B	Q	G	W	F	S	F	W	I	O	G
T	Q	J	X	F	P	M	J	F	P	I	K	E	J	G	I	V	S	U	L
V	W	E	E	W	R	G	I	R	B	A	U	V	H	F	N	V	V	V	F
Q	K	R	F	B	J	O	B	O	V	J	W	B	D	T	O	Y	P	C	U
Q	H	U	V	U	Z	Y	N	T	W	M	G	R	N	O	Z	U	D	K	D
M	Q	Q	H	O	W	E	H	M	Z	T	C	M	D	Q	J	R	K	T	X
P	G	T	N	W	M	Q	C	Q	F	C	N	J	G	G	H	U	L	P	T

MONTEFORTE IRPINO

N #1

N	X	V	K	C	Z	G	W	Z	O	H	H	J	G	I	N	O	L	A	H
Z	G	M	I	C	R	X	W	R	J	U	J	I	O	O	O	U	L	U	H
V	K	U	P	Y	Z	D	J	Z	I	U	P	Q	C	A	C	Z	S	L	H
T	X	N	K	A	P	Z	E	L	M	P	Z	E	Z	O	E	F	C	C	N
Q	Q	P	W	X	D	L	D	O	J	C	R	E	F	U	R	R	H	Y	O
K	E	D	W	K	E	K	U	Q	G	A	N	G	F	D	A	R	M	R	V
U	A	C	D	P	O	E	W	N	H	B	B	Z	D	B	Z	B	J	I	I
R	M	X	K	G	T	W	V	S	H	Q	C	Z	G	K	I	D	K	I	X
C	B	N	X	H	W	T	U	B	Y	C	V	H	P	W	N	F	T	J	V
Q	R	A	Y	X	D	P	O	A	C	R	L	Y	W	A	F	C	M	E	E
O	U	T	X	M	E	L	H	Y	M	C	Z	T	P	P	E	R	U	P	L
F	R	J	P	R	U	O	C	F	X	N	K	O	H	D	R	Y	R	K	I
G	B	B	I	M	S	D	H	B	C	P	L	B	T	T	I	I	G	N	A
C	W	O	V	K	Q	E	W	R	F	I	N	D	C	Z	O	U	D	X	R
A	R	V	I	Y	P	O	G	T	F	D	Q	U	J	H	R	S	I	Q	L
E	E	O	Y	P	J	O	M	P	T	M	I	J	B	S	E	T	P	U	L
I	B	H	L	M	H	L	B	K	E	D	K	W	Q	Z	L	W	L	I	K
C	K	O	M	W	K	C	O	O	W	Q	K	I	E	I	B	E	U	Z	V
F	N	Y	W	J	O	J	A	Y	Y	J	U	D	T	E	Z	U	Y	A	A
I	K	C	H	R	M	X	D	W	Q	N	O	R	R	J	K	H	K	S	F

NAPOLI
NOLA

NOCERA INFERIORE
NOVI VELIA

NOCERA SUPERIORE
NUSCO

O #1

P	X	D	I	X	S	W	J	P	C	M	A	M	A	V	M	D	F	D	X
D	S	W	T	G	T	S	W	C	Q	C	W	U	P	O	W	K	F	B	K
N	R	J	N	Q	D	O	Y	C	V	Q	P	J	H	L	H	L	D	H	A
I	Q	R	J	F	Q	G	W	A	O	T	T	A	T	I	L	G	Y	Z	D
D	Z	U	Q	Q	A	L	T	T	M	R	O	Y	J	V	Q	G	V	M	G
M	K	K	X	Q	F	I	T	Y	I	B	R	Z	U	E	V	Z	A	I	Z
O	Z	I	R	Z	W	A	W	C	G	E	T	I	Z	T	N	S	B	P	G
S	F	E	U	Q	V	S	O	X	N	G	A	B	A	O	N	M	H	B	W
O	B	J	I	I	N	T	U	Q	A	W	Z	W	T	H	Z	F	L	R	U
H	Q	O	A	H	J	R	A	O	N	A	D	I	X	C	O	A	B	H	F
B	Q	N	Y	X	O	O	W	Z	O	T	I	W	D	I	B	B	T	U	S
D	O	C	M	J	E	M	N	Q	T	V	P	N	L	T	K	S	B	Q	K
P	G	A	B	C	W	C	U	T	D	G	A	Y	T	R	C	U	L	L	G
E	V	J	T	T	L	I	H	T	A	A	T	D	S	A	Z	A	X	V	V
R	Q	J	M	E	A	L	U	A	X	U	E	R	D	H	J	I	F	J	N
V	R	L	E	E	W	E	Q	M	F	K	L	D	M	W	F	C	C	Y	E
M	Q	N	M	R	O	N	Q	T	O	D	L	Z	W	Z	C	L	K	G	X
A	B	X	A	D	Q	T	A	T	T	U	A	H	K	X	Y	L	A	N	E
O	L	E	V	A	N	O	L	S	U	L	E	T	U	S	C	I	A	N	O
P	A	L	N	Q	R	R	U	B	A	U	Q	N	E	M	L	M	F	L	L

OGLIASTRO CILENTO
OMIGNANO
OTTATI

OLEVANO SUL TUSCIANO
ORRIA
OTTAVIANO

OLIVETO CITRA
ORTA DI ATELLA

P #1

I	J	A	Y	Q	V	S	O	V	D	M	I	O	H	W	V	V	K	F	P
M	G	H	A	E	I	C	K	Z	D	M	P	I	S	W	H	B	M	G	O
K	T	Q	L	W	P	U	Q	Z	X	P	Z	S	O	Z	T	K	W	G	N
V	V	D	W	I	L	V	G	Z	V	K	W	I	S	L	U	W	C	Q	T
V	P	P	V	E	S	I	U	K	O	I	T	P	V	K	D	P	L	A	E
G	F	C	Y	T	X	Q	R	U	I	D	A	A	U	E	L	A	W	E	C
C	V	F	H	D	Y	B	W	N	F	N	M	G	I	X	Z	D	F	P	A
V	W	R	X	M	M	X	H	U	U	P	O	M	P	E	I	U	K	I	G
E	D	H	C	O	P	J	Y	E	A	O	S	P	G	P	U	Z	Y	S	N
T	H	Z	V	L	G	E	M	D	M	N	E	Y	A	E	A	O	V	C	A
L	P	L	H	U	M	H	U	P	L	T	P	O	Z	Z	U	O	L	I	N
Y	D	K	N	J	H	L	E	A	H	E	R	A	P	S	L	D	X	O	O
K	L	H	L	E	I	K	H	S	R	L	A	S	N	E	I	P	K	T	N
R	K	Y	V	H	F	D	R	T	D	A	T	B	U	N	Z	P	P	T	F
S	U	G	J	O	X	J	O	O	Y	N	E	Y	Q	V	A	M	U	A	A
D	B	Q	Z	Z	Q	S	U	R	A	D	L	H	S	D	F	R	M	X	I
P	T	Z	D	V	A	J	U	A	R	O	L	W	U	G	P	Z	A	W	A
W	P	F	R	T	T	J	S	N	O	L	A	L	G	J	X	R	T	N	N
S	E	A	A	I	E	I	B	O	T	F	A	A	Q	I	S	G	L	F	O
Z	O	P	I	E	T	R	A	S	T	O	R	N	I	N	A	R	H	N	R

PADULA
PASTORANO
PISCIOTTA
PONTELANDOLFO

PADULI
PERTOSA
POMPEI
POZZUOLI

PANNARANO
PIETRASTORNINA
PONTECAGNANO FAIANO
PRATELLA

P #2

I	G	Z	W	J	D	L	Z	P	Z	V	B	P	R	E	G	U	D	V	S
G	I	X	O	W	B	R	N	F	F	R	A	T	V	L	J	T	F	L	A
O	J	N	W	Q	T	H	B	D	O	X	W	V	Z	D	I	H	D	O	P
R	J	Y	W	N	I	K	C	T	H	C	H	Y	L	A	U	F	G	S	R
Q	V	M	T	M	P	O	L	L	I	C	A	T	B	B	W	J	D	Q	A
J	C	S	Q	C	A	I	O	G	T	P	E	Y	G	P	Y	G	V	J	T
O	N	I	G	U	R	P	E	T	R	U	R	O	G	I	R	P	I	N	O
B	R	P	L	F	O	R	H	T	J	W	J	O	T	M	P	D	F	D	L
F	H	L	X	X	L	V	Q	Y	R	N	E	A	M	P	C	U	V	O	A
J	O	X	T	G	I	P	Z	N	P	A	U	P	I	S	I	V	K	M	R
D	D	C	O	X	S	A	K	E	O	O	V	K	O	P	D	N	A	H	S
P	S	Q	G	W	E	N	L	E	R	K	N	A	M	L	H	S	C	D	E
Y	R	W	Q	Q	G	L	H	V	T	E	I	T	I	F	L	X	I	B	R
O	E	U	Z	A	E	J	C	K	I	G	H	P	E	R	L	A	W	O	R
C	Z	V	O	Z	H	B	Y	Y	C	L	Y	Y	D	L	A	B	P	W	A
U	V	O	Z	Y	K	T	B	M	I	N	D	W	A	V	A	N	Y	I	F
W	P	A	L	M	A	M	C	A	M	P	A	N	I	A	C	T	O	R	Z
H	N	P	I	G	N	A	T	A	R	O	D	M	A	G	G	I	O	R	E
O	E	Z	K	A	W	C	Q	Q	U	Z	T	O	R	Y	W	G	S	N	N
J	W	X	D	A	W	O	J	C	H	U	N	H	I	A	G	U	F	H	E

PALMA CAMPANIA
PELLEZZANO
PIGNATARO MAGGIORE
PONTELATONE

PAROLISE
PETRURO IRPINO
POLLA
PORTICI

PAUPISI
PIETRAVAIRANO
POLLICA
PRATOLA SERRA

P #3

Q	X	Z	F	G	Z	Q	Z	F	N	N	T	V	Q	P	E	W	S	Y	Z
G	U	S	D	L	O	S	K	V	C	L	W	C	Q	W	A	T	N	T	P
S	U	U	X	S	W	L	D	W	S	P	P	E	R	D	I	F	U	M	O
D	X	B	B	Z	C	I	Q	N	U	I	O	R	P	E	T	I	N	A	R
J	M	N	V	G	T	A	T	G	E	E	S	L	O	I	I	H	J	B	T
U	Z	L	M	I	O	G	L	T	D	T	T	U	L	C	P	G	M	K	I
L	M	U	R	K	C	I	R	H	K	R	I	V	L	Y	I	B	M	A	C
Y	T	A	J	E	A	A	E	G	B	E	G	Z	E	L	M	D	P	C	O
Q	P	G	A	N	D	F	Q	E	S	L	L	W	N	L	O	M	A	C	A
W	M	K	E	E	S	H	F	U	I	C	I	C	A	T	N	O	G	P	D
H	Y	L	F	Q	Q	W	N	Q	J	I	O	T	U	U	T	M	O	Y	I
Z	L	U	M	C	Z	O	Z	C	B	N	N	V	T	V	E	X	P	O	G
O	S	F	D	V	A	W	N	M	B	A	E	J	R	P	G	N	V	V	C
I	N	I	R	E	X	I	N	U	V	D	Y	M	O	I	R	L	E	L	A
Y	G	H	O	H	H	X	U	C	S	X	H	S	C	C	D	J	I	T	S
Q	N	K	I	D	F	L	N	O	A	L	I	F	C	R	G	Y	A	K	E
Q	U	L	H	S	T	N	E	F	O	T	G	M	H	V	O	A	N	P	R
P	Y	I	N	A	P	D	L	O	A	Z	Z	P	I	W	K	B	O	F	T
U	B	N	E	J	X	F	Y	N	Q	N	K	Q	A	D	I	J	P	T	A
M	G	V	C	C	N	K	O	O	Z	N	X	B	Q	S	Q	N	H	Q	H

PAGO VEIANO
PIETRADEFUSI
POLLENA TROCCHIA
POSTIGLIONE
PERDIFUMO
PIETRELCINA
PORTICO DI CASERTA
PROCIDA
PETINA
PIMONTE
POSITANO
PUGLIANELLO

P #4

G	Z	J	V	E	O	R	Y	R	Z	F	P	Z	E	B	P	O	N	T	E
M	W	O	O	R	W	X	I	E	G	F	E	K	O	O	R	P	R	V	Q
Y	I	T	W	U	K	P	A	B	B	G	U	H	G	P	A	R	N	W	A
T	F	L	U	A	W	I	P	N	W	X	X	G	U	O	T	I	A	P	B
O	S	E	P	D	M	A	U	M	G	I	I	I	L	M	A	G	B	P	U
G	R	J	Q	R	G	N	W	U	X	O	D	I	N	I	P	N	Y	Z	L
E	L	M	M	A	V	O	M	V	M	L	S	E	K	G	S	A	A	T	B
M	Q	T	C	N	M	I	W	A	Y	I	O	F	U	L	A	N	S	P	R
E	Q	V	W	T	P	D	R	I	Y	C	N	H	N	I	N	O	E	J	X
W	J	Q	I	E	V	I	P	T	C	K	P	K	X	A	N	L	O	Y	I
T	H	G	R	W	N	Z	A	H	W	T	R	M	M	N	I	C	P	J	Y
U	D	I	J	O	T	S	T	G	X	K	E	G	J	O	T	I	T	L	H
G	T	Q	K	T	A	O	E	E	G	D	S	Q	J	H	A	L	L	Y	S
O	H	D	D	O	H	R	R	E	M	I	E	O	O	D	C	E	R	G	R
D	D	T	H	N	G	R	N	U	Y	O	N	C	E	E	O	N	W	K	H
F	G	K	A	Q	S	E	O	T	A	L	Z	E	C	A	E	T	X	B	R
R	X	K	K	K	S	N	P	O	Z	C	A	Y	R	R	W	O	W	S	O
Z	I	D	C	U	R	T	O	M	N	Y	N	Q	S	C	D	H	H	V	B
Q	O	T	X	S	D	O	L	W	I	B	O	U	F	O	Z	N	E	O	Y
O	N	B	B	Y	T	P	I	E	T	R	A	M	E	L	A	R	A	C	A

PAOLISI
PIAGGINE
POGGIOMARINO
PRATA SANNITA
PATERNOPOLI
PIANO DI SORRENTO
POMIGLIANO D ARCO
PRESENZANO
PERITO
PIETRAMELARA
PONTE
PRIGNANO CILENTO

P #5

N	V	D	P	U	F	U	M	Q	E	J	A	Z	Y	J	D	U	A	G	E
V	D	I	G	R	G	I	F	Z	F	P	J	M	L	R	F	U	P	N	L
U	E	J	M	N	E	W	L	H	Q	Z	Y	E	Z	V	I	G	T	D	H
Z	R	N	Z	F	M	W	H	O	Y	E	D	A	F	U	P	I	A	Y	X
F	Q	K	H	S	A	N	S	B	Y	Y	K	S	V	T	J	O	W	P	V
G	U	V	E	Q	A	N	R	R	Q	S	G	F	R	N	V	W	D	E	Y
R	R	D	R	K	H	S	X	T	X	N	E	K	G	Z	A	F	C	S	Q
V	K	E	Q	I	I	L	P	M	H	J	P	H	F	D	C	P	A	C	E
O	I	E	D	D	S	F	U	Z	M	K	G	M	S	I	Q	E	R	O	T
P	P	Q	E	D	Q	R	V	W	H	J	Y	Y	A	V	N	V	I	P	K
H	I	Z	J	K	F	Z	H	G	K	Y	I	N	I	Z	S	Y	I	S	O
E	C	X	Q	T	O	E	J	L	Q	G	G	A	L	R	H	H	O	A	J
W	N	U	E	E	Q	G	M	W	I	A	A	J	P	Q	M	R	F	N	S
Y	F	J	D	Z	Y	R	W	Z	D	S	H	X	A	M	A	K	H	N	T
N	V	B	D	F	W	J	W	N	P	Z	L	P	A	G	A	N	I	I	N
Q	J	K	N	Z	P	M	B	P	Z	E	P	A	L	O	M	O	N	T	E
Z	G	Q	T	X	T	Z	B	V	G	E	P	R	A	I	A	N	O	A	D
V	I	C	R	V	C	P	I	I	E	P	I	E	T	R	A	R	O	J	A
P	I	A	N	A	E	D	I	S	M	O	N	T	E	R	V	E	R	N	A
S	Q	J	P	I	E	D	I	M	O	N	T	E	J	M	A	T	E	S	E

PAGANI
PESCO SANNITA
PIETRAROJA
PALOMONTE
PIANA DI MONTE VERNA
PRAIANO
PARETE
PIEDIMONTE MATESE

Q #1

J	K	A	V	G	I	O	H	I	F	H	P	I	K	J	U	W	P	X	O
R	E	T	N	Y	K	R	T	R	H	I	M	Q	O	N	J	V	X	C	A
J	A	T	R	U	G	L	K	B	S	J	U	D	U	G	F	S	I	N	D
C	Z	Y	G	P	K	Q	S	L	F	O	T	F	O	F	H	C	J	L	M
X	I	R	P	O	C	I	K	B	G	D	O	Y	V	P	Z	D	Y	H	I
V	T	V	U	J	G	U	B	J	R	M	U	O	U	R	O	B	U	O	G
R	A	M	M	F	C	O	C	W	N	G	S	O	Z	Z	H	M	S	V	B
I	E	B	C	V	M	A	J	X	O	S	J	Y	R	B	C	K	G	T	P
F	Q	J	V	R	K	A	T	P	D	D	M	D	O	X	C	F	Q	B	A
T	Z	B	Z	F	Y	I	I	C	N	O	P	S	A	N	T	A	A	K	C
S	E	K	Y	Q	U	O	V	B	D	L	D	H	R	N	O	G	D	W	J
O	Y	U	E	D	P	Y	A	F	M	K	D	P	A	N	P	C	P	R	Q
J	C	S	S	P	B	R	Q	U	I	N	D	I	C	I	S	I	Z	W	K
F	G	H	G	R	G	U	Q	U	A	D	R	E	L	L	E	D	X	H	S
H	K	P	W	F	A	L	U	H	A	G	X	B	Q	G	V	A	Y	Y	V
L	H	F	R	L	X	E	E	P	X	R	K	Q	N	V	A	G	R	J	V
N	N	Q	I	N	W	W	I	K	B	N	T	Q	B	Q	F	D	D	S	Y
O	J	A	L	C	S	R	R	X	J	K	U	O	M	H	Q	G	D	F	Q
H	N	J	B	M	B	K	Z	U	E	G	S	Q	X	Y	E	H	Y	G	G
O	V	T	I	J	S	M	Q	G	Q	L	M	O	U	E	I	R	B	U	W

QUADRELLE
QUINDICI

QUALIANO

QUARTO

R #1

X	T	K	R	I	C	I	G	L	I	A	N	O	M	S	P	V	F	N	L
N	X	E	R	O	C	C	A	U	S	A	N	Y	F	E	L	I	C	E	T
F	R	V	E	Y	C	X	B	W	V	F	B	V	H	R	G	C	A	M	G
Q	A	R	P	G	A	C	L	E	R	K	T	N	Y	L	J	S	W	B	M
B	W	U	Z	W	N	G	H	S	Q	D	B	I	C	P	V	E	V	N	Q
H	S	F	T	R	H	R	R	E	C	A	L	E	K	X	U	U	H	T	J
P	Q	K	A	U	O	U	O	O	T	W	G	H	C	J	G	E	P	R	G
D	J	D	A	M	V	C	C	C	C	T	N	A	R	T	P	F	E	I	X
R	R	V	O	I	L	Y	C	T	C	C	A	A	B	B	M	M	B	K	R
J	J	W	A	P	K	F	A	A	D	A	A	C	D	Z	H	W	C	A	B
R	C	N	A	V	U	J	R	D	G	N	D	G	E	D	Q	S	E	W	Q
J	O	C	B	M	R	O	A	U	L	D	O	A	L	K	Q	F	D	Z	B
T	J	U	Z	O	F	S	I	P	T	M	G	X	S	O	C	Z	Z	B	G
L	R	J	O	R	F	V	N	Q	M	I	P	E	L	P	R	R	H	B	F
Z	M	K	A	O	F	R	O	P	E	E	N	L	V	A	I	I	O	Q	K
R	K	N	Y	T	I	A	L	D	W	Q	S	O	V	A	Y	D	O	C	G
X	O	C	G	Y	D	E	A	L	H	N	T	E	B	X	N	Y	E	S	E
D	T	D	K	P	G	G	Q	O	G	T	L	P	R	P	G	D	L	N	A
I	R	P	L	I	Y	L	T	O	D	L	H	V	L	M	J	N	R	U	N
O	S	O	D	U	V	M	T	S	O	O	A	K	Y	W	M	N	M	O	L

RAVELLO
ROCCADASPIDE
ROCCA D EVANDRO
ROFRANO

RECALE
ROCCAGLORIOSA
ROCCA SAN FELICE
RUTINO

RICIGLIANO
ROCCARAINOLA
ROCCHETTA E CROCE
RUVIANO

R #2

I	Q	A	V	S	S	O	D	B	J	D	V	V	O	U	G	Q	L	L	W
B	V	H	L	Q	J	E	B	O	L	E	L	R	J	U	X	H	S	D	U
A	Q	P	R	R	O	C	C	A	B	A	S	C	E	R	A	N	A	I	X
G	Q	J	E	O	I	N	C	C	G	P	F	D	R	O	A	O	C	S	L
O	Z	I	E	M	P	A	G	Y	H	I	F	G	N	S	O	V	O	P	B
A	N	R	A	A	Y	R	R	O	T	O	N	D	I	C	A	Q	C	H	G
O	R	L	F	G	V	W	E	D	X	I	C	X	B	I	B	A	E	X	S
W	R	I	R	N	D	W	B	V	O	G	E	D	A	G	C	Q	X	D	O
R	O	C	C	A	P	I	E	M	O	N	T	E	X	N	U	Z	U	N	S
O	C	X	D	N	V	H	O	M	J	H	R	E	W	O	R	L	E	Y	B
C	C	Z	T	O	P	I	G	H	C	O	L	R	E	L	F	Z	O	P	G
C	A	C	M	O	N	L	S	M	Z	U	D	N	S	X	J	P	N	L	E
A	R	A	A	A	D	Q	I	C	K	T	N	D	Y	I	T	C	O	D	P
M	O	U	S	L	J	O	Q	E	A	A	I	J	I	A	L	V	V	H	F
O	M	B	R	J	L	G	H	P	N	N	G	R	M	N	G	H	D	T	I
N	A	I	K	M	Q	O	B	J	G	L	I	U	Q	P	J	S	T	Y	J
F	N	M	G	O	O	H	V	Z	Z	E	I	N	Q	A	B	K	Z	E	K
I	A	G	V	N	P	Q	R	W	K	H	C	D	A	H	N	L	J	Z	Y
N	J	O	T	T	I	W	M	S	U	L	J	B	S	U	T	C	F	T	U
A	K	B	F	E	J	K	K	O	W	X	S	I	O	J	Y	P	X	L	H

RAVISCANINA
REINO
RIARDO
ROCCABASCERANA
ROCCAMONFINA
ROCCAPIEMONTE
ROCCAROMANA
ROMAGNANO AL MONTE
ROSCIGNO
ROTONDI

S #1

S	L	N	W	K	L	E	T	Y	D	P	S	U	K	K	J	A	K	A	Z
S	I	Y	G	N	M	J	E	Q	Q	F	X	B	S	J	D	Q	Z	O	D
Q	O	F	P	T	F	V	F	P	G	L	I	F	F	U	Z	L	P	I	F
A	S	A	N	W	M	A	R	T	I	N	O	V	S	A	N	N	I	T	A
S	A	N	T	A	G	M	A	R	I	A	I	L	A	U	F	O	S	S	A
P	L	Z	N	F	J	N	M	X	J	A	D	Z	L	H	D	W	A	F	F
A	A	S	A	N	S	N	I	C	O	L	A	F	B	A	R	O	N	I	A
R	F	J	V	K	P	B	E	G	J	O	U	S	A	N	Z	A	T	R	Y
A	C	N	K	N	C	K	R	V	I	J	E	G	N	C	B	V	A	Y	W
N	O	H	L	Y	Y	E	X	V	J	S	I	A	N	O	A	L	A	C	H
I	N	N	R	H	I	D	U	S	S	H	W	O	L	G	Y	D	G	E	Z
S	S	Z	R	G	A	L	S	A	N	T	A	K	M	A	R	I	N	A	R
E	I	S	O	R	B	O	V	S	E	R	P	I	C	O	C	Y	E	U	F
Y	L	T	Q	L	C	C	O	K	V	K	A	I	W	Y	M	A	L	G	O
D	I	M	D	E	I	I	D	U	N	L	V	U	O	T	H	H	L	Y	X
K	N	X	C	L	M	X	L	H	R	V	Y	O	D	M	Q	U	O	F	Q
U	A	Y	E	R	O	Z	E	I	H	W	J	W	Q	I	N	B	X	T	X
S	A	N	T	I	A	N	G	E	L	O	C	A	O	C	U	P	O	L	O
B	T	I	E	G	I	I	S	T	O	X	T	I	I	F	V	G	B	V	X
O	V	W	D	M	S	B	C	A	H	M	P	F	D	V	I	X	S	W	H

SALA CONSILINA
SANT AGNELLO
SAN MARTINO SANNITA
SIANO
SANTA MARIA LA FOSSA
SANT ANGELO A CUPOLO
SAN NICOLA BARONIA
SORBO SERPICO
SANTA MARINA
SANZA
SESSA CILENTO
SPARANISE

S #2

J	N	K	M	R	N	X	P	E	R	X	N	X	B	D	E	F	I	F	D
A	U	V	F	A	T	D	B	G	O	E	S	U	C	F	S	U	O	V	B
I	M	E	B	U	B	F	U	L	T	D	F	U	V	Q	I	W	E	R	T
C	O	N	D	H	Z	V	F	S	K	W	W	V	C	I	Z	I	T	K	U
J	G	U	R	Y	A	B	T	S	J	U	H	E	E	W	A	O	J	O	E
T	D	O	U	Y	B	R	O	K	Y	C	Y	E	L	R	N	R	G	N	F
W	I	L	S	W	E	Q	X	J	S	M	H	F	Y	M	T	V	A	H	F
Q	W	W	O	T	J	F	E	U	J	C	H	R	F	P	C	N	N	R	X
B	R	K	L	B	Y	P	M	L	R	V	T	J	Q	L	E	B	X	W	L
L	I	X	U	Y	O	Y	S	A	N	T	S	A	N	T	I	M	O	Q	I
S	A	N	D	G	R	E	G	O	R	I	O	C	M	A	T	E	S	E	L
S	A	N	T	O	A	N	G	E	L	O	Q	D	I	A	L	I	F	E	D
C	Q	V	G	F	S	A	N	Q	L	O	R	E	N	Z	E	L	L	O	N
A	E	P	O	E	O	J	L	G	Y	F	P	S	A	V	I	A	N	O	H
L	L	P	W	H	N	U	P	A	W	S	E	A	Y	U	S	Q	L	G	I
A	W	F	A	F	P	P	V	E	F	R	I	L	C	B	R	O	C	X	T
J	V	F	A	B	J	Y	A	Y	R	Z	U	E	Y	A	D	E	Z	D	J
Y	X	R	S	L	G	I	E	E	E	S	A	N	T	O	M	E	N	N	A
H	N	N	Q	B	A	Y	S	A	L	V	I	T	E	L	L	E	E	F	J
D	Y	S	I	J	K	U	R	Q	P	T	S	O	R	R	E	N	T	O	O

SALENTO
SANT ANGELO D ALIFE
SAN LORENZELLO
SERRE
SALVITELLE
SANT ANTIMO
SAVIANO
SOLOPACA
SANTOMENNA
SAN GREGORIO MATESE
SCALA
SORRENTO

S #3

V	D	O	H	H	J	S	E	S	S	A	J	A	U	R	U	N	C	A	E
T	S	A	N	T	P	A	N	G	E	L	O	W	A	X	S	C	A	L	A
C	X	H	K	U	A	N	N	B	N	L	M	L	S	B	D	P	P	Q	W
Q	I	G	T	K	W	T	A	N	B	E	Q	M	M	N	C	F	W	U	I
O	T	U	J	N	V	Z	S	E	R	I	N	O	E	U	B	H	Z	F	N
O	G	A	W	D	J	A	A	C	K	D	W	B	L	M	M	C	F	B	O
J	D	Z	U	W	L	N	N	S	A	N	T	E	A	R	P	I	N	O	E
Y	Q	W	D	E	G	D	T	P	Z	M	I	A	D	W	T	S	F	B	Q
V	P	P	R	W	S	R	A	E	B	F	P	B	R	G	D	O	L	T	W
I	Z	N	E	P	P	E	P	R	H	K	R	I	U	Q	W	L	O	E	D
J	O	N	M	H	C	A	P	O	K	J	C	B	T	U	S	X	L	R	B
U	N	S	J	J	R	N	A	N	G	V	C	C	T	E	C	H	Y	F	V
N	F	D	U	K	R	D	O	E	T	A	W	F	N	N	L	C	R	U	S
Y	Q	Y	C	W	B	I	L	A	X	A	Q	E	H	K	V	L	S	C	A
K	A	X	A	T	U	C	I	V	Q	H	R	M	S	J	R	S	A	J	N
E	O	H	H	H	V	C	N	N	H	C	E	E	I	K	T	F	R	B	O
K	P	P	G	N	T	O	A	F	H	S	G	G	H	J	A	Q	E	M	L
Q	C	S	G	B	M	N	F	I	Q	R	H	J	M	T	T	A	N	V	U
R	J	W	V	A	B	Z	A	F	B	U	H	Y	I	E	H	U	X	H	P
U	J	U	W	V	X	A	W	L	Z	P	F	T	A	L	S	H	M	O	O

SALERNO
SANT ANGELO A SCALA
SCAFATI
SERINO
SANTA PAOLINA
SANT ARPINO
SCAMPITELLA
SESSA AURUNCA
SANT ANDREA DI CONZA
SAN LUPO
SENERCHIA
SPERONE

S #4

I	L	D	G	D	I	V	N	J	Q	Z	I	P	E	W	D	E	R	R	L
M	N	P	R	D	Z	B	G	Q	D	C	L	V	X	I	W	Z	X	O	J
Y	S	L	G	Y	V	Y	Q	P	H	A	D	P	C	R	L	F	T	X	D
Q	G	N	N	Z	S	A	N	J	T	A	M	M	A	R	O	G	U	J	F
T	K	P	C	T	R	O	R	J	S	E	L	Q	J	R	O	O	Q	O	F
M	R	N	I	V	X	T	M	S	B	V	Z	X	K	I	K	L	N	O	X
A	U	O	C	B	K	P	H	M	Z	J	Z	K	R	T	F	X	W	Y	M
S	A	N	K	N	I	C	O	L	A	F	L	A	J	S	T	R	A	D	A
A	S	A	N	F	M	A	N	G	O	T	P	I	E	M	O	N	T	E	Y
N	A	R	R	I	H	G	P	I	S	T	V	Z	Y	Y	W	W	U	C	D
T	C	Z	F	Z	T	E	P	K	L	W	M	E	P	H	U	H	T	X	T
Q	C	N	L	K	H	S	G	B	G	N	Z	E	S	T	R	I	A	N	O
A	O	T	X	A	K	D	V	E	B	D	D	P	Q	U	F	H	F	T	W
R	K	J	G	W	L	Q	X	U	T	U	W	R	I	E	V	Z	T	H	J
S	A	N	S	P	R	I	S	C	O	Y	D	W	C	H	T	I	S	Z	G
E	E	S	A	N	T	Q	A	N	T	O	N	I	O	R	A	B	A	T	E
N	B	S	A	N	G	G	R	E	G	O	R	I	O	T	M	A	G	N	O
I	N	C	R	M	J	S	A	N	T	E	A	N	A	S	T	A	S	I	A
O	H	R	P	Z	A	Y	D	N	U	Q	S	P	L	S	U	F	G	Y	A
O	J	Z	A	Y	P	R	K	G	B	H	L	T	N	W	H	H	R	V	N

SACCO
SANT ARSENIO
SAN NICOLA LA STRADA
SOMMA VESUVIANA
SANT ANASTASIA
SAN GREGORIO MAGNO
SAN PRISCO
STIO
SANT ANTONIO ABATE
SAN MANGO PIEMONTE
SAN TAMMARO
STRIANO

E	M	N	G	I	N	S	W	M	B	U	S	T	U	R	N	O	M	J	V
W	B	T	S	K	S	A	U	Z	X	C	A	A	J	R	B	E	N	H	C
J	I	Y	P	V	A	N	O	Z	Z	W	N	W	R	T	Q	H	B	S	R
N	F	J	M	I	N	R	Y	Z	K	V	I	A	P	N	V	X	K	A	Q
K	B	T	J	N	G	P	G	M	Q	O	L	G	B	X	O	S	L	N	P
T	G	T	R	L	G	O	B	D	X	S	O	F	G	C	D	C	C	T	P
M	A	P	U	X	I	T	I	E	C	E	R	M	E	I	S	T	L	Q	W
C	S	V	V	D	O	I	X	I	Y	R	E	N	C	T	T	I	A	A	P
R	K	H	G	N	V	T	J	R	E	R	N	O	M	O	E	J	M	G	T
W	E	Q	B	S	A	O	C	D	S	A	Z	I	H	D	L	L	N	A	X
V	F	Z	S	A	N	X	M	A	U	R	O	W	C	I	L	E	N	T	O
G	U	Z	O	N	N	S	V	P	M	A	G	K	G	P	A	T	O	A	U
Y	O	I	L	U	I	A	Z	H	M	O	M	A	R	Y	U	N	V	W	Q
L	U	S	O	R	B	N	A	L	O	F	A	Z	Q	G	C	W	F	D	F
C	H	U	F	U	A	N	P	S	N	O	G	S	I	W	I	G	N	E	D
G	K	A	R	F	V	I	C	E	T	N	G	A	G	F	L	Q	A	V	X
D	W	I	A	O	P	T	F	B	E	T	I	E	R	N	E	H	T	G	M
G	F	I	W	G	I	I	O	F	P	A	O	O	J	W	N	H	U	O	Q
D	H	M	U	U	R	C	T	V	R	N	R	O	P	G	T	H	K	T	Q
U	Z	L	T	F	O	O	M	S	H	A	E	A	L	E	O	S	A	I	T

SANT AGATA DE GOTI
SAN GIOVANNI A PIRO
SAN LORENZO MAGGIORE
SAN MAURO CILENTO
SAN POTITO SANNITICO
SAN RUFO
SARNO
SERRARA FONTANA
SOLOFRA
STELLA CILENTO
STURNO
SUMMONTE

S #6

J	E	K	F	V	C	P	B	A	W	S	T	Y	S	P	Q	K	F	N	S
R	U	A	H	C	Q	Z	W	W	D	U	M	F	S	Z	R	V	M	A	A
J	H	T	L	N	L	V	H	X	R	C	Q	U	Y	S	S	P	N	M	N
S	F	E	S	A	N	Y	P	O	T	I	T	O	Y	U	L	T	R	A	Z
M	W	H	O	W	I	R	M	F	N	O	V	C	Y	T	X	R	I	M	P
R	C	D	R	Z	A	H	K	T	E	H	F	T	J	A	U	V	D	P	I
S	A	N	E	N	I	C	O	L	A	T	M	A	N	F	R	E	D	I	E
A	B	J	I	I	H	Q	L	V	Y	C	B	G	N	Q	Y	U	X	G	T
S	I	R	I	G	N	A	N	O	W	W	E	O	Q	N	I	I	Q	G	R
S	W	D	G	U	N	R	K	G	L	L	L	R	U	H	Z	W	P	C	O
A	S	A	N	L	M	A	U	R	O	E	L	A	G	B	R	U	C	A	X
N	L	M	F	V	Z	J	S	Q	F	K	U	V	B	L	S	E	X	L	I
O	S	A	V	I	G	N	A	N	O	B	I	R	P	I	N	O	Z	W	N
S	A	N	D	V	A	L	E	N	T	I	N	O	N	T	O	R	I	O	F
D	K	T	A	P	L	R	Y	F	U	F	Y	M	C	J	D	P	C	R	I
L	S	A	N	L	P	A	O	L	O	U	B	E	L	X	S	I	T	O	N
G	I	S	E	R	R	A	M	E	Z	Z	A	N	A	P	M	Y	G	T	E
X	P	S	A	N	Y	S	O	S	S	I	O	W	B	A	R	O	N	I	A
P	C	F	J	G	R	M	E	A	E	J	L	L	L	B	D	C	E	H	M
A	X	F	G	C	U	H	T	G	K	Q	J	M	M	I	M	V	C	Z	C

SANT ANGELO ALL ESCA
SAN MAURO LA BRUCA
SAN NICOLA MANFREDI
SAN PAOLO BEL SITO
SAN PIETRO INFINE
SAN POTITO ULTRA
SAN SOSSIO BARONIA
SAN VALENTINO TORIO
SASSANO
SAVIGNANO IRPINO
SERRAMEZZANA
SIRIGNANO

S #7

S A N S N A Z Z A R O S V K M L K E V X
A A M A P Q J E V A C E M M W R V Z C O
N G N Z C F K A H J I P N J M P C Z Y M
F R P W S L H X L B O H T U E N T T R M
V D A A M S C I S C I A N O E H N X X M
I J Q L S A N N M A R C E L L I N O L Z
T J D E U S R L N X H S O P L P H V E E
A K Z G C S J C V O K J E A A Y A X R U
L O Q E C I W M O A V H Z T S V Z Y Q W
I P G F I N K M X G W Z D P S S L R C V
A J E J V O T V P G D W O U B Y R L Q U
N H D H O R R H H M K E U U B Y B G N M
O B Z Y Q O S A L Z A G I R P I N A J E
S A N N M A N G O I S U L K C A L O R E
A Q E M N M R I I U I X Y D C T O M W B
P E W A D R U Y S P Q Z P L M A Z G L W
R P S A N T A F M A R I A N A Y V I C O
I U P P S A E U W A S Z Q R U B H O D Z
B Z Z X D N N O F H E R A I U N V Q T D
S J D Z G U B A T E O J L K Q M A E Y I

SALZA IRPINA
SAN MARCELLINO
SAN VITALIANO
SCISCIANO
SANTA MARIA A VICO
SAN MARCO DEI CAVOTI
SAPRI
SUCCIVO
SAN MANGO SUL CALORE
SAN NAZZARO
SASSINORO

T #1

L	M	C	J	J	V	T	I	M	I	K	H	T	J	W	H	G	U	W	P
Q	I	L	Q	J	Z	T	E	H	J	C	O	U	G	R	D	M	T	T	U
E	O	U	R	V	H	X	U	T	O	V	T	N	R	T	M	R	O	Q	A
N	S	M	C	M	G	Q	A	R	O	N	Y	D	C	Y	E	T	U	F	O
D	D	P	J	P	B	H	H	F	Z	N	H	W	E	N	A	O	T	A	X
C	S	Y	U	M	N	S	Y	U	X	N	V	B	T	U	S	R	R	Z	Q
R	R	I	C	B	D	B	D	K	H	U	J	O	R	W	E	R	T	A	V
U	L	B	I	J	W	V	N	Q	Q	P	L	A	C	C	S	E	R	B	R
N	W	A	U	K	P	D	V	S	W	A	S	V	A	T	V	X	A	G	K
N	V	J	U	E	K	Y	F	G	N	I	O	S	A	E	E	L	M	X	O
L	I	S	H	M	W	E	Q	D	Z	I	E	U	R	G	X	E	O	K	Y
G	W	K	F	O	O	C	U	W	S	K	R	O	I	G	G	Y	N	Z	I
A	G	F	H	D	L	C	N	F	V	A	L	W	R	I	M	N	T	S	U
L	I	Z	I	L	E	E	F	V	N	A	X	B	T	A	Q	O	I	K	E
B	S	H	J	N	Q	U	E	O	H	S	L	T	P	N	V	C	C	Q	H
O	U	Q	T	F	Q	X	B	K	M	U	X	K	T	O	T	E	A	N	O
C	H	A	X	L	Z	J	C	O	R	Q	X	O	G	Z	C	L	V	N	G
W	O	V	T	T	V	C	B	O	B	M	Y	W	P	A	R	L	F	W	Y
T	O	Z	G	R	F	P	Q	T	E	L	E	S	E	F	T	E	R	M	E
S	L	K	O	C	M	K	Y	Z	Q	D	K	Y	C	C	F	L	T	I	F

TAURANO	TAURASI	TEANO
TEGGIANO	TELESE TERME	TEORA
TEVEROLA	TORRE LE NOCELLE	TRAMONTI
TRECASE	TRENTOLA-DUCENTA	TUFO

T #2

Y	G	R	J	H	I	L	N	K	J	A	C	P	J	N	P	I	Z	A	Q
A	Q	T	A	O	S	F	F	K	N	F	A	G	M	R	B	E	G	Y	G
E	X	N	F	E	R	G	A	P	Z	A	F	R	X	M	P	F	T	N	T
D	Q	P	Z	S	M	I	Y	K	Z	U	J	R	C	N	O	S	N	K	R
V	P	W	J	M	F	T	E	R	Z	I	G	N	O	M	J	E	F	D	M
Z	D	Q	U	Y	T	O	C	C	O	R	C	A	U	D	I	O	B	Z	T
D	C	R	J	O	F	R	G	N	F	R	R	U	N	E	C	P	E	F	B
I	P	H	P	C	N	R	D	Q	P	X	N	X	I	F	H	C	D	A	U
T	K	V	D	H	D	E	C	T	X	Q	T	T	O	R	R	A	C	A	S
J	I	E	R	Z	M	Y	K	D	I	X	R	O	R	H	Q	O	M	L	W
K	F	M	H	E	W	A	F	C	T	E	B	R	R	E	S	E	X	K	E
N	O	B	V	C	L	N	R	N	N	L	T	T	T	R	V	D	K	T	S
J	Z	A	N	U	N	N	C	T	B	W	U	O	O	K	E	I	B	E	I
B	H	S	O	O	I	U	I	W	I	F	V	R	R	R	M	C	C	A	H
U	L	J	W	I	Q	N	P	U	I	V	N	E	F	C	R	H	U	O	C
E	O	H	K	T	A	Z	X	N	Q	S	G	L	B	G	H	I	G	S	I
P	M	M	A	R	L	I	O	D	O	H	R	L	L	D	P	I	O	X	O
B	K	G	A	H	U	A	R	B	W	I	M	A	U	O	Z	T	A	N	G
F	Y	V	S	Q	W	T	O	R	R	E	C	O	R	S	A	I	A	R	I
Q	V	B	N	M	N	A	N	P	W	H	I	B	E	I	T	W	W	L	A

TERZIGNO
TORRACA
TORRE ORSAIA
TRENTINARA

TOCCO CAUDIO
TORRECUSO
TORRIONI
TREVICO

TORCHIARA
TORRE ANNUNZIATA
TORTORELLA
TUFINO

T #3

N	X	T	W	O	W	M	O	F	X	A	D	S	U	J	P	J	V	C	D
R	S	N	F	W	F	S	N	F	V	H	R	Y	H	O	A	I	A	X	V
E	S	U	W	Z	V	V	O	G	G	X	D	U	S	O	O	V	V	W	M
H	N	E	W	A	M	E	O	R	R	G	W	U	N	K	Y	E	U	N	B
K	H	N	K	K	L	P	X	O	C	O	D	U	F	J	T	H	S	B	W
Y	V	H	Q	R	N	H	J	H	A	T	Y	H	U	E	J	D	T	L	Z
K	B	H	B	V	V	E	I	A	L	I	V	O	F	K	N	X	O	Q	K
T	O	R	E	L	L	A	A	D	E	I	N	L	O	M	B	A	R	D	I
T	E	F	L	X	D	V	P	C	K	G	G	O	I	P	K	X	A	A	T
F	W	E	S	W	X	H	B	U	X	R	C	M	U	Y	R	P	Z	L	F
L	J	V	T	L	O	V	U	V	E	D	M	B	E	F	T	R	E	P	K
H	B	Y	I	O	N	X	V	T	Y	I	L	S	Y	X	W	O	O	B	V
N	Q	K	C	M	W	L	K	O	P	P	U	X	R	H	I	Y	P	U	N
F	L	V	H	V	M	T	A	E	Q	M	N	N	A	J	B	J	I	V	O
Y	T	O	Y	L	R	A	H	H	B	N	K	O	D	Z	T	H	C	G	C
G	G	X	Z	T	O	R	R	E	B	D	E	L	V	G	R	E	C	O	J
L	N	U	J	A	Z	S	U	R	T	X	N	Q	R	M	H	E	I	V	F
Y	D	Z	Y	N	A	D	L	R	N	E	W	D	G	F	N	U	L	V	G
I	V	R	N	Q	A	U	C	I	D	G	X	E	P	H	V	W	L	M	B
W	A	Z	Z	X	G	T	B	X	H	Y	A	X	J	Z	F	U	I	Y	J

TORA E PICCILLI TORELLA DEI LOMBARDI TORRE DEL GRECO

V #1

J I B N C Z U R J C V V O L L A P B Y R
Q C U Z X W N E L G I I I R E V X V V R
K B O L P V C Y E B L E K T Q V A L V A
B M F E T W O O O E L T A P U O X X V P
W G V A X F R N D D A R X S O L V K V C
W O D B X X A I D E S I T D J T A H I G
M I Q P V T S Z X M D H Q Z P U L N C C
M N S G I Y T J E O I S N I Q R L Z O B
I A T N L A H F N C K U X W V A A B D I
I E D A L B T E C K B L N S H R T I E X
O I G D A I K Q W E R G U U O A A S Q Y
P N U L F K X X U W I M W Y A F S T U E
J Z B G L E F O D N A A W M Y I Y V E Q
P C A Z I T N N T E N R G B N R B U N Z
M C G L T O G K D Q O E G W Z P T H S W
G L G V E N T I C A N O R K A I A Z E I
E D O O R K L B X D F K O G N N M L L T
M S Y O N F Q X A K O U A R K A Z N P Y
V A L L O P D E L L A X L U C A N I A J
N G V V O S Q C N G B W N C D G P L S V

VALLATA
VENTICANO
VIETRI SUL MARE
VITULANO
VALLO DELLA LUCANIA
VIBONATI
VILLA DI BRIANO
VOLLA
VALVA
VICO EQUENSE
VILLA LITERNO
VOLTURARA IRPINA

V #2

R	H	U	Z	W	F	C	Z	O	W	G	W	L	D	F	T	D	K	T	C
O	P	Y	Q	X	V	U	M	R	P	K	T	A	P	G	T	W	C	P	Z
G	A	H	W	S	E	Z	N	M	M	U	K	A	C	U	W	V	D	U	M
R	Y	R	F	T	C	F	L	E	L	H	F	M	U	Y	W	I	C	R	T
Y	J	I	W	W	B	X	W	K	D	G	N	B	N	W	N	W	F	Z	X
W	I	L	K	T	U	I	W	U	O	A	E	F	C	P	B	W	G	V	O
R	D	F	Z	I	X	M	U	N	O	Q	R	R	W	Q	X	N	H	W	Y
W	W	D	C	Z	M	L	M	M	H	P	R	U	S	P	K	V	X	F	Z
A	K	Q	X	C	D	N	U	U	C	T	A	O	U	H	M	T	I	A	A
O	R	V	J	F	F	R	O	Y	P	V	E	C	W	T	G	M	V	C	N
C	X	E	T	C	V	I	L	L	A	R	I	C	C	A	O	A	I	A	V
J	M	E	J	V	I	T	U	L	A	Z	I	O	W	S	T	V	R	B	N
Y	N	O	V	A	L	L	E	V	D	E	L	L	V	A	N	G	E	L	O
M	M	V	A	L	L	E	G	D	I	L	M	A	D	D	A	L	O	N	I
G	E	K	E	V	A	L	L	E	G	A	G	R	I	C	O	L	A	C	X
G	J	Z	J	X	M	Q	Z	I	H	Y	A	R	C	R	F	A	I	J	B
Z	Q	G	M	V	A	L	L	E	S	A	C	C	A	R	D	A	W	R	O
G	N	S	Q	V	I	S	C	I	A	N	O	M	C	M	D	V	L	W	E
S	J	P	T	Y	N	G	O	U	M	J	J	R	V	H	P	K	M	E	G
Y	T	O	H	V	A	I	R	A	N	O	R	P	A	T	E	N	O	R	A

VAIRANO PATENORA
VALLE DELL ANGELO
VILLARICCA
VALLESACCARDA
VALLE DI MADDALONI
VISCIANO
VALLE AGRICOLA
VILLAMAINA
VITULAZIO

Z #1

O	R	D	R	G	B	P	Q	Z	Q	P	U	K	Z	N	I	W	B	A	S
T	Y	U	W	A	J	J	F	R	C	X	R	W	S	H	X	R	R	F	G
H	H	F	F	F	A	I	L	X	A	Z	T	P	G	I	J	L	P	A	F
C	H	L	J	W	L	O	L	X	V	W	E	R	K	Q	U	U	H	B	K
T	I	Y	L	L	A	C	F	G	B	T	P	Z	R	L	F	Y	F	I	C
P	I	W	V	O	I	C	M	M	C	X	N	I	H	G	J	A	X	H	S
W	F	Y	N	D	R	F	B	U	C	E	G	Z	J	Z	M	P	U	A	D
Z	P	W	K	Y	X	C	W	E	E	O	M	R	V	V	B	U	L	Y	A
J	R	L	K	U	Y	U	T	E	J	Z	Z	M	D	G	F	F	N	Y	W
K	O	O	E	U	B	Z	F	I	Q	T	B	T	W	E	N	I	B	A	Y
T	N	H	H	Z	T	U	N	N	T	E	X	P	F	U	E	E	Z	D	N
B	S	V	K	W	J	N	H	L	G	O	E	O	U	Z	R	Q	G	X	Q
Z	O	C	C	Z	R	G	A	H	S	T	B	Q	L	N	H	Y	W	G	M
G	L	W	O	L	L	O	C	E	R	J	B	U	K	K	M	E	M	V	B
M	Z	V	D	Y	V	L	Z	U	O	O	F	G	U	E	K	K	G	Z	M
J	Y	Z	C	Z	A	I	P	A	O	W	B	F	E	J	X	Y	Y	V	P
Z	P	V	W	C	M	X	N	O	O	C	Y	S	M	H	U	W	Z	N	G
K	G	L	K	N	Z	L	U	A	Z	F	I	D	Q	H	G	F	H	S	X
N	F	G	M	B	G	V	B	X	Z	K	E	K	F	A	A	W	J	C	P
X	M	Q	H	L	J	G	Z	K	G	S	X	Y	G	Q	K	M	W	V	T

ZUNGOLI

A #1

			A	I	L	A	N	O											
		A	S	Q	L			V											
		C		U		I			E										
	E	E		I			F			R									
A		R		L				E			S								
G		R		O								A	M	A	L	F	I		
E		A		N								R							
R				I								Z							
O				A	I	R	O	L	A			A	N	D	R	E	T	T	A
L												N							
A	V	E	L	L	I	N	O					O							

A #2

						A													
						L	A	R	I	E	N	Z	O						
						T	I	L											
					R	A	E		B										
				A		V	L			A	V	E	L	L	A				
			N	L		I	L			N	N								
		I		F		L	O			A		E							
				A		L				C	M		L						
				N		A	D			A		O		L					
				O			E			P			R		A	P	I	C	E
						I	L			R				O					
						R				I					S				
						P	S									I			
						I	A	R	I	A	N	O		I	R	P	I	N	O
						N	B												
						A	A	T	E	N	A		L	U	C	A	N	A	
							T												
							O												

A #3

								A											
	A	U	L	E	T	T	A	N	G	R	I								
	Q					F	R	C		R									
	U				R		P		E		O								
	A			A			A			R		P							
	R		G				I	T			N		O						
	A	O					S		R			O		L					
	L						E			I					I				
A	L	V	I	G	N	A	N	O		A	P	O	L	L	O	S	A		
												A	R	P	A	I	A		
	A	L	T	A	V	I	L	L	A		S	I	L	E	N	T	I	N	A
														D					
															A				

B #1

																		B	
																		U	
																		O	
			B				B	A	I	A		E		L	A	T	I	N	A
			A		B	U	O	N	A	L	B	E	R	G	O			A	
			T		C													B	
			T	C														I	
			I											B	O	N	I	T	O
		A	P							B	E	L	L	I	Z	Z	I	A	
	N		A											S				C	
O			G				B	O	S	C	O	R	E	A	L	E		O	
			L			O								C				L	
			I		N									C				O	
			A	E	B	A	R	A	N	O		D		I	S	C	H	I	A
	B	R	A	C	I	G	L	I	A	N	O			A					

B #2

																			B
																			O
													B						S
												B	B	A	C	O	L	I	C
											E	A	A	E	I				O
					B					N	G	S	R		L	A			T
						E			E	N		E	O			L	N		R
							L	V	O			L	N				O	O	E
							E	L				I	I					N	C
						N	I		O			C	S						A
					T		B			S		E	S						S
				O	I		U				G		I						E
			B	R	U	S	C	I	A	N	O	U							
			P				C						A						
		I					I							R					
	N						N								D				
O							O									O			

C #1

						C	A	S	T	E	L	L	A	B	A	T	E		
						A													
				C	A	S	O	L	A		D	I		N	A	P	O	L	I
				A		T									C	C			
				S		E								O	A	A			
				T		L							R	S	S	I			
				E								B	A		T	R			
				L		S					A	L			E	A			
				P		A				R					L	N			
				O		N			A	D					F	O			
				T					I						R			C	
				O		L								C	A	P	U	A	
						O	P						A	A	N			M	
						R						R		M	C			I	
					I	E					D			P	I			G	
				N		N				I				O				L	
			C			Z			T					R				I	
		I				O		O						A				A	
	P																	N	
E																		O	

C #2

					C	O	L	L	E		S	A	N	N	I	T	A		
					C	A	S	T	E	L		D	I		S	A	S	S	O
					U	A	S										C		
					S		M	A									A		
					A			P	L								S		
					N				A	B							S	C	
					O					G	O						A	A	
											N	R		C		L	N	S	
					M							A	E	R	V		O	O	
					U							R		I				R	
					T						V			S			I	I	
					R					I		R		P			R	A	
					I				N		I			A			P		
								O		S				N			I		
									O					O			N		
								R									O		
				C	A	S	T	E	L		V	O	L	T	U	R	N	O	
					C	A	S	T	E	L		M	O	R	R	O	N	E	

C #3

							C	E	L	L	O	L	E						
						A	A	A											
					S		S		R										
				E			A			I									
			R				L				N								
		T					N					O							
	A						U						L						
							O							A					
	C	U	R	T	I		V												
C	A	S	T	E	L	L	O		D	I		C	I	S	T	E	R	N	A
I	S																		
C	T						D												
E	E	C	A	S	A	M	I	C	C	I	O	L	A		T	E	R	M	E
R	L	H						A											
A	V	I					N	S											
L	E	A					A	A											
E	N	N					P	L											
	E	C					O	U											
	R	H					L	C	A	S	A	L		V	E	L	I	N	O
	E	E					I	E											

C #4

		C																	
		O						C									C	C	
		N	C	I	O	R	L	A	N	O						A	A	A	
		C	E					N							S	S	S	S	
		A	L					N						A	T		T	E	
			L					A					P	E			E	L	
		D	E					L				U	L				L	L	
		E						O			L	N					L	E	
		L	D					N		L	U						O		
		L	I					G	A	O								I	
		A						A	V								D	N	
			B					O									E		
		C	U			C											L	P	
		A	L			C	A	S	A	N	D	R	I	N	O			I	
		M	G		I	A	A	M									M	T	
		P	H	L		U		R	E								A	T	
		A	E			T			I	R							T	A	
		N	R			A				F	O						E	R	
	T	I	I			N					E	T					S	I	
O		A	A			O							A				E		

C #5

																	C	C	
				C	A	M	P	O	S	A	N	O				A	A	A	
					O										P	P	P	S	
				C		R								A	R		O	A	
					O		L						C	I			S	L	
						N		E				C	A	A			E	B	
					C		C		T		I	T	E		L		L	U	
				E		A		A		O	I			S		V	E	O	
			T				M	C							I		I	N	
		A						P	A	D		M				N		O	
	R						A		O	L	E		O				A		
A						E	V			L	A	I		N				L	
					S	O					A	B			F				I
				T	L							T	R	M		O			
			U	T									T	I	A		R		
		M	U											A	T	R		T	
		R													R	T	I		E
	N															O	O	N	
O																			I

C #6

									C	A	I	A	N	E	L	L	O		
			C	A	R	B	O	N	A	R	A		D	I		N	O	L	A
								C	N										
								E	C										
							C	R	E										
							O	R	L										
							N	E	L		C	A	L	V	A	N	I	C	O
							T	T	O		U	A							
							U	O			C		S						
							R		E		C			A					
							S	S	D		A				L				
C	A	P	R	I	G	L	I	A		I	R	P	I	N	A	D			
I	A							N	A		O						U		
C		P					T	N	R									N	
C	E		O				E	I	N		V								I
I		R		D			R	T	O		E								
A			A		R		M	A	N		T								
N				S		I	E		E		E								
O					O		S				R								
								E			E								

C #7

	C	A	I	V	A	N	O												
	A	I																	
	S		R																
	A			C												C	C		
	L				E										A	A	E		
	E					L								V	S	S	N		
	T						L						A	A		T	T	C	
	T							O					V			E	O	A	
	O										D	A				L	L	S	
										E	T						A	A	
	S									O						B		M	
	P							T	R	C	E	R	V	I	N	A	R	A	
	A						I	E			E					R		R	
	R					R						R				O		C	
	T				R								C			N		I	
C	A	S	T	E	L	P	A	G	A	N	O			O		I		A	
	N		N												L	A		N	
	O	I				C	A	S	A	P	E	S	E	N	N	A		O	

C #8

C	C	A	L	I	T	R	I												
C	A	S	T	E	L	N	U	O	V	O		D	I		C	O	N	Z	A
O	S	P																	
L	T		R																
L	E			I															
I	L								C	A	L	V	I	Z	Z	A	N	O	C
A	C	A	S	T	E	L		S	A	N		G	I	O	R	G	I	O	O
N	I	E							N								N		N
O	V		P						D							T			T
	I			P					I						R				R
	T				A				D					A					O
	A					L			A				D						N
							O					A							E
								N											
						C	O	M	I	Z	I	A	N	O					

C #9

C	O	N	Z	A		D	E	L	L	A		C	A	M	P	A	N	I	A
											C	A	R	I	N	A	R	O	
										I		A							
									M				S						
								I					C	A	I	A	Z	Z	O
							T					A		E	G				
						I					G				S	I			
					L					G						A	O		
				E					I									V	
C	A	S	T	E	L		C	A	M	P	A	G	N	A	N	O			E
							N												
						O													

D #1

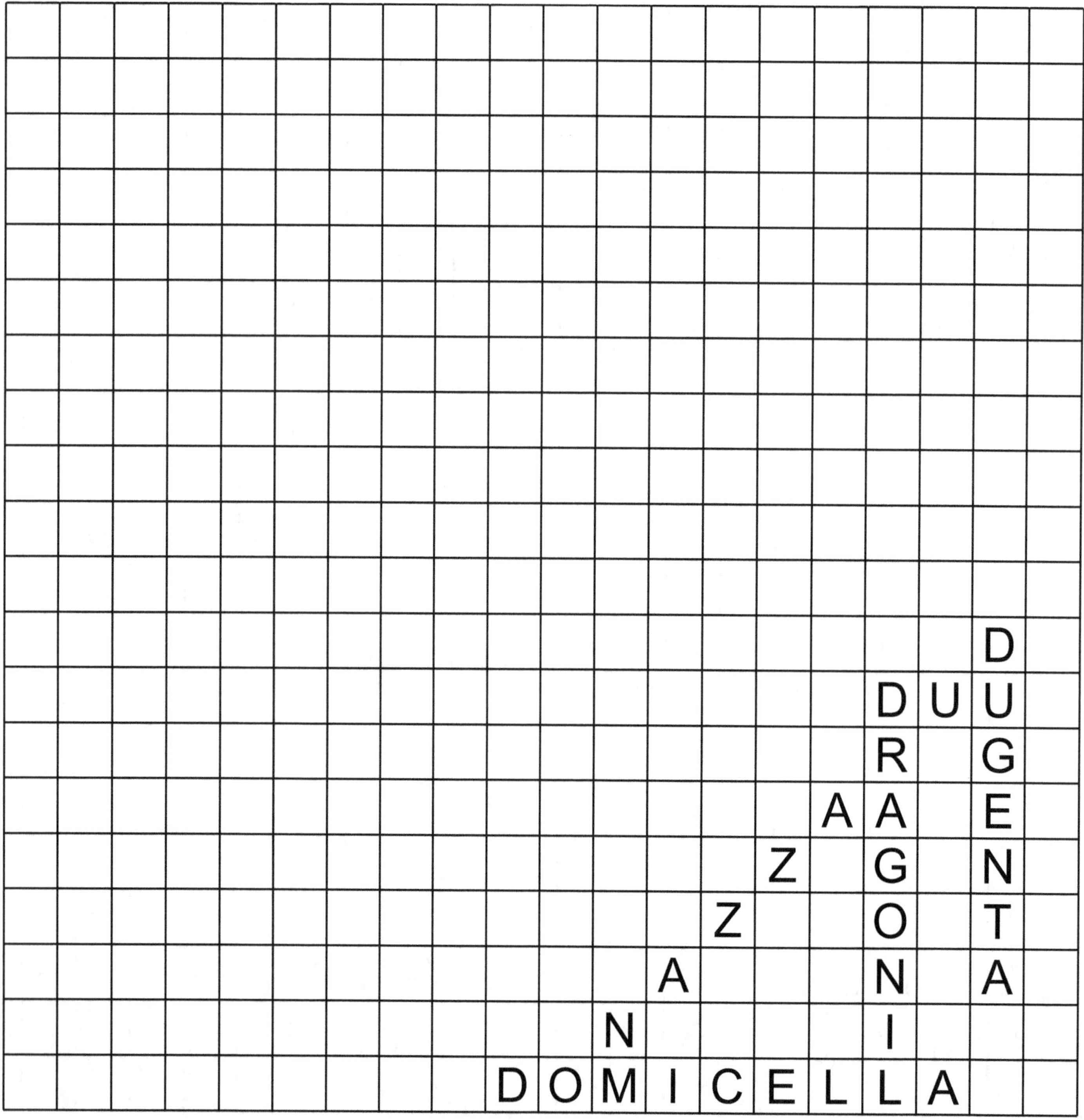

E #1

ERCOLANO

E
B
O
L
I

F #1

F	O	R	M	I	C	O	L	A											
A	O																		
L		N																	
C			T																
I		F	R	A	G	N	E	T	O		M	O	N	F	O	R	T	E	
A		O	F		N														
N		G	I	R		A													
O		L	S		A		R												
		I	C			S		O											
D		A	I				S		S										
E		N	A					O		A									
L		I	N													F			
		S	O				F	R	A	T	T	A	M	I	N	O	R	E	
M		E				A	U	R			E					R			
A					I		R		I			L				C			
S				C			O			G			E			H			
S			C				R				E			S		I			
I		H					E					N			I	A			
C	I												T			N			
O														O			O		

F #2

																			F
												F	F	E	L	I	T	T	O
											O	R	O	L	F				R
										R	A	A	N		U				I
									I	N		G	T		T	M			O
								N	C			N	E		A		E	F	
							O	O				E	G		N			R	
							L					T	R		I			I	I
						I						O	E					G	
					S								C					N	
				E								L	A					A	
																		N	
												A						O	
												B							
					F	R	A	T	T	A	M	A	G	G	I	O	R	E	
												T							
												E							

G #1

					G	R	A	Z	Z	A	N	I	S	E					
				G	R	A	G	N	A	N	O								
				G	I	U	N	G	A	N	O								
					C														
					I														
					G	I	O	I	A		S	A	N	N	I	T	I	C	A
					N														
				G	A	L	L	O		M	A	T	E	S	E				
					N														
	G	I	F	F	O	N	I		V	A	L	L	E		P	I	A	N	A
G	R	U	M	O		N	E	V	A	N	O								
A	R				D														
L		E			I														
L			C																
U				I	A														
C					V														
C				G	E	S	U	A	L	D	O								
I				G	R	O	T	T	A	M	I	N	A	R	D	A			
O					S														
					A														

G #2

					G														
					I														
					F														
					F														
					O				G										
					N				U										
G	U	A	R	D	I	A		S	A	N	F	R	A	M	O	N	D	I	
									R										
					S				D		G								
					E				I		R								
					I		G	I	A	N	O		V	E	T	U	S	T	O
							I				T								
					C		O		L		T								
					A		I		O		O								
					S				M		L								
					A				B		E								
					L				A		L								
					I				R		L								
									D		A								
									I										

I #1

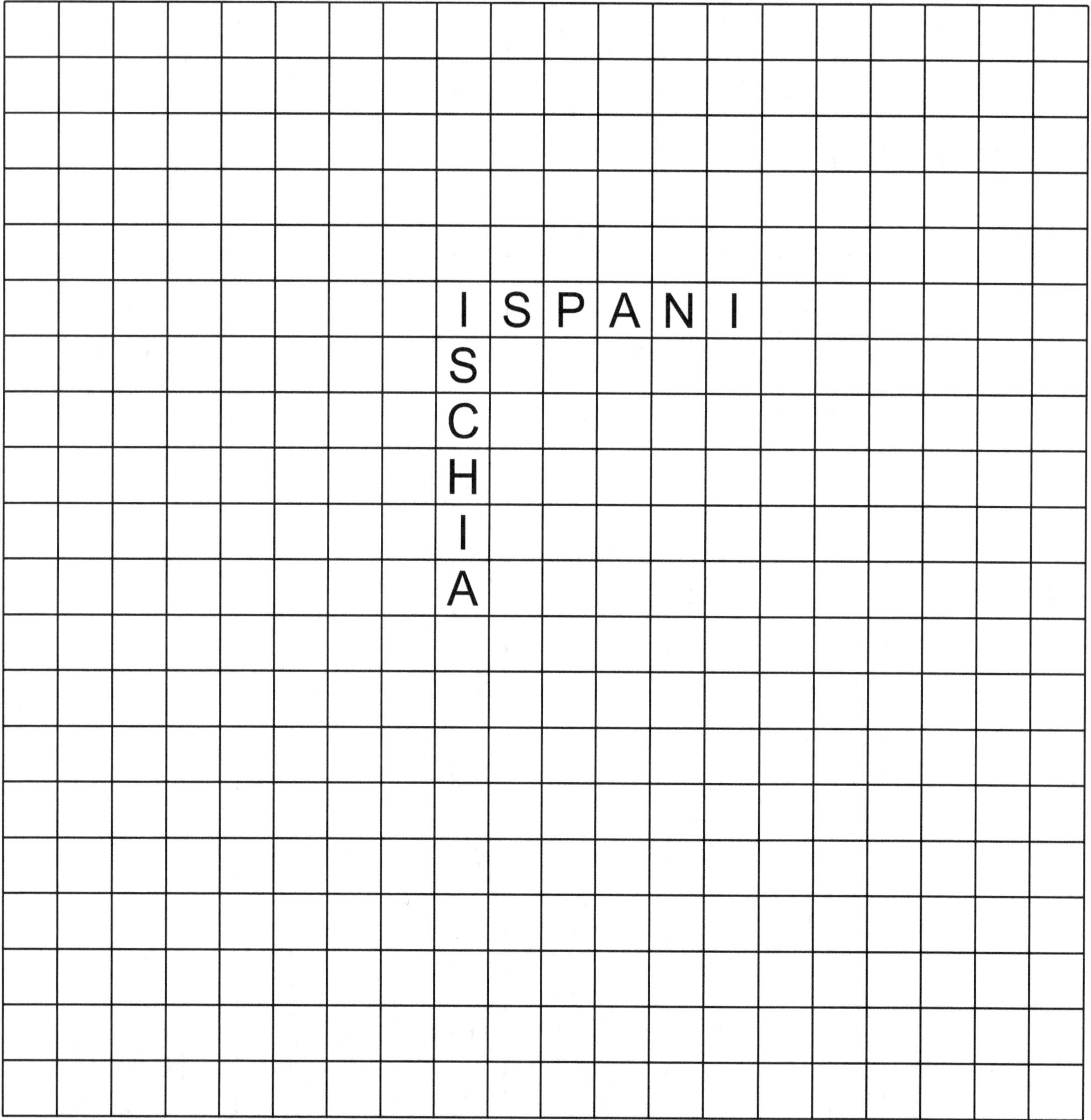

L #1

											L	L	A	U	R	I	T	O	
											U	A	I						
										S		U	V	M					
									C			R		I	A				
								I				E			A	T			
							A					A				N	O		
						N						N					O	L	
					O							A							A
																			L
												C	L	U	S	T	R	A	I
												I	A	E			U	L	B
											V	L	U		T	R	E		E
										E		E	R		I	T			R
									R			N	O	N	I		E		I
								I				T	O	N				R	
												O	O						E

L #2

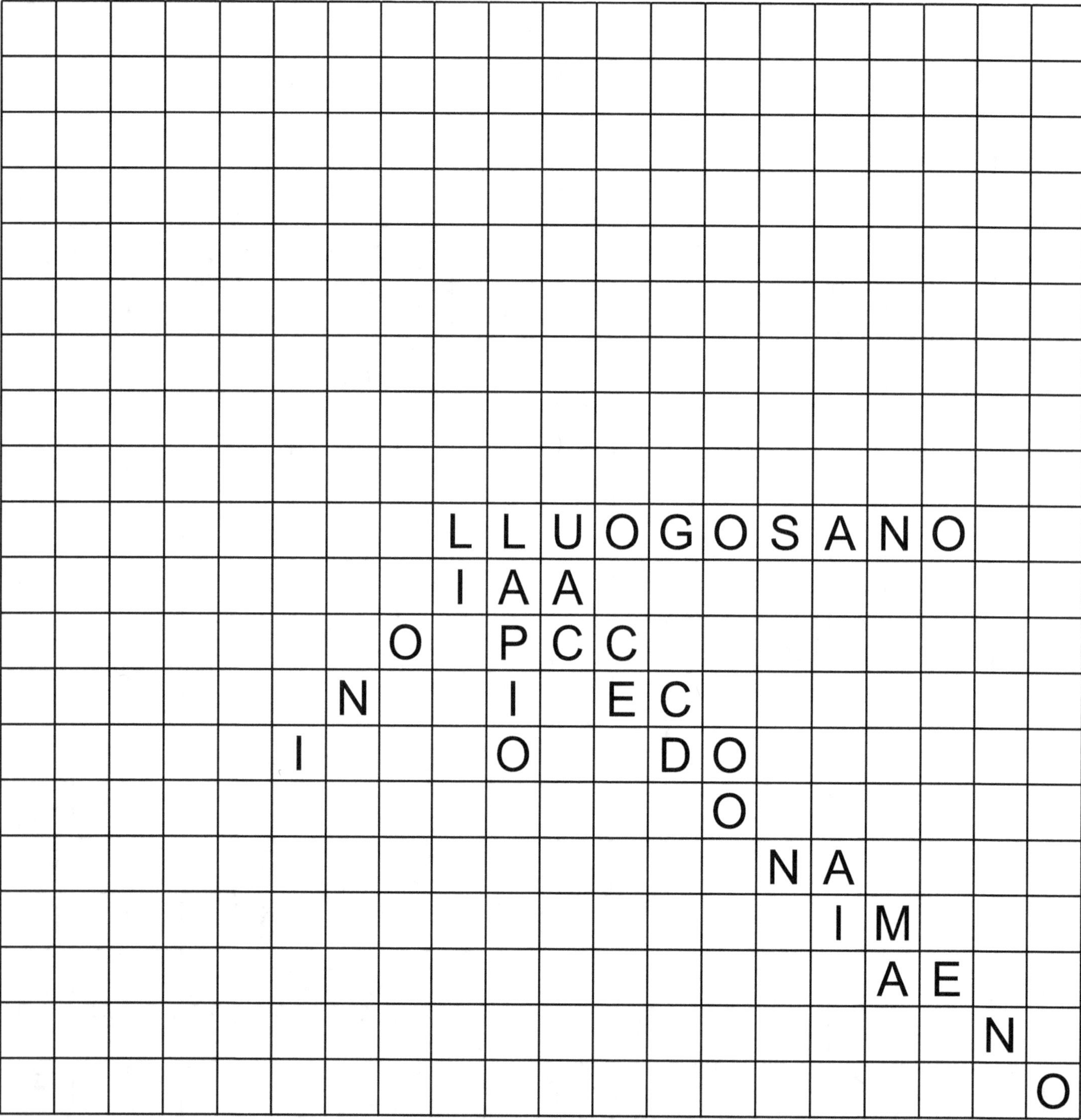

M #1

		M																	M
		A																	O
		G																	N
		L																	T
		I																	E
		A																	C
		N											M	O	I	A	N	O	O
		O										A	O						R
											S		N	M					V
		V								S			T	A					I
		E							A				E	R			M		N
		T									M	E	L	I	Z	Z	A	N	O
		E					D						L	G			D		
M	A	R	I	G	L	I	A	N	E	L	L	A	A	L			D		R
		E												I			A		O
				S										A			L		V
		M	O	N	T	A	G	U	T	O				N			O		E
		M	O	N	T	E	F	U	S	C	O			O			N		L
	M	I	R	A	B	E	L	L	A		E	C	L	A	N	O	I		L
A																			A

M #2

																	M	M	
M	O	N	T	E	C	A	L	V	O		I	R	P	I	N	O	O	O	
															N	R	N	N	
														T	I		T	T	
		M	A	R	C	I	A	N	I	S	E		E	G			E	E	
		O	O									F	E				S	V	
		N		R							A	R					A	E	
		T			R					L	A						R	R	
		A				A			C	T							C	D	
		N						I	I								H	E	
		O					O	D									I		
						N			E							M	O		
		A		M	E	L	I	T	O		I	R	P	I	N	O			
		N		O							S					N			
		T		R								A				T			
		I		C									N			O			
		L	M	O	N	T	E	C	O	R	I	C	E	C		R			
		I		N											T	O			
		A		E												I			
																	S		

M #3

												M							
		M	A	C	E	R	A	T	A		C	A	M	P	A	N	I	A	
		O	M	A	S	S	A		L	U	B	R	E	N	S	E			
		S										Z						M	M
		C	M	O	N	T	E	F	R	E	D	A	N	E				U	O
		H										N						G	N
		I										O						N	T
		A																A	E
		N										A						N	
		O										P						O	D
												P							I
	M	O	N	T	E		S	A	N		G	I	A	C	O	M	O	D	
		E										O						I	P
M	O	N	T	E	M	A	R	A	N	O									R
M	E	R	C	A	T	O		S	A	N		S	E	V	E	R	I	N	O
																		A	C
																		P	I
M	I	G	N	A	N	O		M	O	N	T	E		L	U	N	G	O	D
																		L	A
																		I	

M #4

																		M	M
		M															I	O	E
	M	O	N	D	R	A	G	O	N	E						N	I	N	R
	E	L												M	O	O		T	C
	L	I					M						A	R				E	O
	I	N					A					R	I	D				F	G
	T	A					R				Z		E					O	L
	O	R					A			A		L						R	I
		A					N	M	N	M	L							T	A
	D						O	O	O	A	A							E	N
	I									N		I							O
						D	D	C		O	T		O					C	
	N				I		I			C		E		R				I	
	A					V				A			M		I			L	
	P		N		I		N			L				I				E	
	O	O		T			A			Z					L			N	
	L		E				P			A						E		T	
A	I	L					O			T							T	O	
	L						L			I								T	
A							I												O

M #5

MONTEFORTE IRPINO

N #1

															N	O	L	A	
														O	O	U			
													C		C		S		
												E			E			C	N
											R				R				O
										A					A				V
																			I
								S							I				
							U								N				V
						P								A	F				E
					E								P		E				L
				R								O			R				I
			I								L				I				A
		O								I					O				
	R														R				
E															E				

O #1

														O					
						O								L					
						G			O	T	T	A	T	I					
						L		T	M	R	O			V					
						I	T		I		R			E					
						A			G		T	I		T					
					V	S			N		A		A	O					
				I		T			A										
			A			R			N		D			C					
		N				O			O		I			I					
	O													T					
						C					A			R					
						I					T			A					
						L					E								
						E					L								
						N					L								
						T					A								
O	L	E	V	A	N	O		S	U	L		T	U	S	C	I	A	N	O

P #1

																			P
																			O
																			N
																			T
																			E
																			C
																		P	A
										P	O	M	P	E	I			I	G
									A	O								S	N
								D		N								C	A
							U	P		T	P	O	Z	Z	U	O	L	I	N
						L		A		E	R	A						O	O
					I			S	R	L	A		N					T	
								T		A	T			N		P		T	F
							O	O		N	E				A			A	A
						S		R		D	L			D		R			I
					A			A		O	L		U				A		A
								N		L	A	L						N	N
								O		F	A								O
		P	I	E	T	R	A	S	T	O	R	N	I	N	A				

P #2

																			P
																			R
					P	O	L	L	I	C	A								A
					A	I													T
					R	P	E	T	R	U	R	O		I	R	P	I	N	O
					O			T											L
					L				R										A
					I				P	A	U	P	I	S	I				
					S			E	O	O	V		O						S
					E		L		R		N	A		L					E
						L			T			T	I		L				R
					E				I				E	R		A			R
				Z					C					L	A				A
			Z						I						A	N			
	P	A	L	M	A		C	A	M	P	A	N	I	A		T	O		
	N	P	I	G	N	A	T	A	R	O		M	A	G	G	I	O	R	E
O																		N	
																			E

P #3

																			P
										P	P	E	R	D	I	F	U	M	O
									U	I	O	R	P	E	T	I	N	A	R
								G	E	E	S		O						T
							L	T		T	T		L	C	P				I
						I	R			R	I		L		I				C
					A	A				E	G		E		M	D	P		O
				N	D					L	L		N		O		A		
			E	E						C	I		A		N		G		D
		L	F							I	O				T		O		I
	L	U								N	N		T		E				
O	S									A	E		R	P			V		C
I													O				E		A
												S	C				I		S
											I		C				A		E
										T			H				N		R
									A				I				O		T
								N					A						A
							O												

P #4

															P	O	N	T	E
														O	R	P			
						P							G	P	A	R			
						I						G		O	T	I			
						A					I		L	M	A	G			
						N				O		I		I		N			
						O			M		S			G	S	A			
								A		I				L	A	N			
					P	D	R							I	N	O			
				E		I	P				P			A	N				
			R		N		A				R			N	I	C			
		I		O		S	T	G			E			O	T	I			
	T					O	E		G		S				A	L			
O						R	R			I	E			D		E			
						R	N				N					N			
						E	O				Z	E		A		T			
						N	P				A			R		O			
						T	O				N			C					
						O	L				O			O					
						P	I	E	T	R	A	M	E	L	A	R	A		

P #5

																		P	
																		E	
																		S	
																		C	
																		O	
																		S	
																		A	
																		N	
																		N	
												P	A	G	A	N	I	I	
											P	A	L	O	M	O	N	T	E
											P	R	A	I	A	N	O	A	
										P	I	E	T	R	A	R	O	J	A
P	I	A	N	A		D	I		M	O	N	T	E		V	E	R	N	A
			P	I	E	D	I	M	O	N	T	E		M	A	T	E	S	E

Q #1

							Q	U	I	N	D	I	C	I					
						U	Q	U	A	D	R	E	L	L	E				
					A				A										
				L						R									
			I								T								
		A										O							
	N																		
O																			

R #1

			R	I	C	I	G	L	I	A	N	O							
			R	O	C	C	A		S	A	N		F	E	L	I	C	E	
					C														
						C													
							H												
				R		R	R	E	C	A	L	E							
					O	U	O	O	T										
					V	C	C	C	C	T									
				I			C		C	C	A								
			A				A	A		A	A								
		N					R				D	G	E						
	O					O	A	U		D		A	L						
					F		I		T				S	O	C				
				R			N			I		E		P	R	R			
			A				O				N		V	A	I	I	O		
		N					L					O	V	A		D	O	C	
	O						A					E			N		E	S	E
											L					D			A
										L							R		
									O									O	

R #2

				R	O	C	C	A	B	A	S	C	E	R	A	N	A		
			E	O	I									O					
		I		M		A								S					
	N			A			R	O	T	O	N	D	I	C					
O				G				D						I					
	R		R	N					O					G					
R	O	C	C	A	P	I	E	M	O	N	T	E		N					
O	C			N	V									O					
C	C			O		I													
C	A						S												
A	R			A				C											
M	O			L					A										
O	M									N									
N	A			M							I								
F	N			O								N							
I	A			N									A						
N				T															
A				E															

S #1

	S	A	N		M	A	R	T	I	N	O		S	A	N	N	I	T	A
S	A	N	T	A		M	A	R	I	A		L	A		F	O	S	S	A
P	L																A		
A	A	S	A	N		N	I	C	O	L	A		B	A	R	O	N	I	A
R												S	A	N	Z	A	T		
A	C										E								
N	O									S	I	A	N	O			A		
I	N								S								G		
S	S						S	A	N	T	A		M	A	R	I	N	A	
E	I	S	O	R	B	O		S	E	R	P	I	C	O			E		
	L					C											L		
	I				I												L		
	N			L													O		
	A		E																
S	A	N	T		A	N	G	E	L	O		A		C	U	P	O	L	O
	T																		
O																			

S #2

							S	A	N	T		A	N	T	I	M	O		
S	A	N		G	R	E	G	O	R	I	O		M	A	T	E	S	E	
S	A	N	T		A	N	G	E	L	O		D		A	L	I	F	E	
C					S	A	N		L	O	R	E	N	Z	E	L	L	O	
A											P	S	A	V	I	A	N	O	
L											E	A							
A										R		L	C						
									R			E		A					
								E		S	A	N	T	O	M	E	N	N	A
							S	A	L	V	I	T	E	L	L	E			
											S	O	R	R	E	N	T	O	

S #3

						S	E	S	S	A		A	U	R	U	N	C	A	
	S	A	N	T		A	N	G	E	L	O		A		S	C	A	L	A
						N													
						T													
							S	E	R	I	N	O							
						A	A	C											
					L	N	N	S	A	N	T		A	R	P	I	N	O	
				E		D	T	P		M									
			R			R	A	E			P								
		N				E		R				I							
	O					A	P	O					T		S				
							A	N						E					
						D	O	E					N		L				S
						I	L					E				L		C	A
							I				R						A		N
						C	N			C						F			
						O	A		H						A				L
						N		I						T					U
						Z	A						I						P
						A													O

S #4

					S	A	N		T	A	M	M	A	R	O				
				T		O													
			I				M												
		O						M											
S	A	N		N	I	C	O	L	A		L	A		S	T	R	A	D	A
A	S	A	N		M	A	N	G	O		P	I	E	M	O	N	T	E	
N	A										V								
T	C											E							
	C												S	T	R	I	A	N	O
A	O													U					
R															V				
S	A	N		P	R	I	S	C	O							I			
E		S	A	N	T		A	N	T	O	N	I	O		A	B	A	T	E
N		S	A	N		G	R	E	G	O	R	I	O		M	A	G	N	O
I						S	A	N	T		A	N	A	S	T	A	S	I	A
O																			

S #5

						S					S	T	U	R	N	O			
					S	A					A	A							
					A	N					N		R					S	
					N									N				A	
						P					L				O			N	
					G	O				S	O							T	
					I	T				E	R				S				
					O	I				R	E				T			A	
					V	T				R	N				E			G	
				S	A	O			S	A	Z				L			A	
			S	A	N		M	A	U	R	O		C	I	L	E	N	T	O
			O	N	N	S			M	A					A			A	
			L		I	A			M		M								
			O	R		N			O	F	A				C			D	
			F	U	A	N			N	O	G				I			E	
			R	F		I			T	N	G				L				
			A	O	P	T			E	T	I				E			G	
					I	I				A	O				N			O	
					R	C				N	R				T			T	
					O	O				A	E				O			I	

S #6

																			S
																		A	A
																	N		N
			S	A	N		P	O	T	I	T	O		U	L	T	R	A	
																			P
														A					I
S	A	N		N	I	C	O	L	A		M	A	N	F	R	E	D	I	E
A												G							T
S	I	R	I	G	N	A	N	O			E								R
S										L									O
A	S	A	N		M	A	U	R	O		L	A		B	R	U	C	A	
N																			I
O	S	A	V	I	G	N	A	N	O		I	R	P	I	N	O			N
S	A	N		V	A	L	E	N	T	I	N	O		T	O	R	I	O	F
					L														I
	S	A	N		P	A	O	L	O		B	E	L		S	I	T	O	N
		S	E	R	R	A	M	E	Z	Z	A	N	A						E
		S	A	N		S	O	S	S	I	O		B	A	R	O	N	I	A
	C																		
A																			

S #7

S	A	N		N	A	Z	Z	A	R	O									
A	A																		
N		N																	
V				M	S	C	I	S	C	I	A	N	O						
I				S	A	N		M	A	R	C	E	L	L	I	N	O		
T				U	S	R													
A				C	S		C												
L				C	I			O											
I				I	N														
A				V	O					D									
N				O	R						E								
O					O	S	A	L	Z	A		I	R	P	I	N	A		
S	A	N		M	A	N	G	O		S	U	L		C	A	L	O	R	E
A														C					
P															A				
R		S	A	N	T	A		M	A	R	I	A		A		V	I	C	O
I																	O		
																		T	
																			I

T #1

																	T		
														T		R			
															E	T	U	F	O
														N	A	O	T		
													T	U		R	R		
												O	R		E	R	T	A	
											L	A		C		E	R		
										A	S		A	T	V		A		
									-	I		S	A	E		L	M		
								D			E	U	R	G		E	O		
							U				R	O		G			N		
						C				A	L			I		N	T		
					E				N	A				A		O	I		
				N				O						N		C			
			T											O	T	E	A	N	O
		A														L			
																L			
								T	E	L	E	S	E		T	E	R	M	E

T #2

						T	E	R	Z	I	G	N	O						
					T	O	C	C	O		C	A	U	D	I	O			
						R													
						R													
						E					T	T	O	R	R	A	C	A	
											R	O	R						
						A				E		R	R	E					
						N			N		T	T		R	V				
						N		T			U	O	O		E	I			
						U	I			F		R	R	R		C	C		
						N			I			E		C	R		U	O	
					A	Z		N				L			H	I		S	
				R		I	O					L				I	O		O
			A			A						A					A	N	
						T	O	R	R	E		O	R	S	A	I	A	R	I
						A													A

T #3

TORELLA DEI LOMBARDI

TORA E PICCILLI

TORRE DEL GRECO

V #1

										V	V	O	L	L	A				
										I	I	I							
									B	L	E		T		V	A	L	V	A
								O		L	T			U	O				
							N			A	R				L	V		V	
						A					I				T	A		I	
				V	T					D					U	L	N	C	
				I						I	S				R	L		O	
				L							U				A	A			
				L						B	L				R	T		E	
				A						R					A	A		Q	
										I	M							U	
				L						A	A				I			E	
				I						N	R				R			N	
				T						O	E				P			S	
			V	E	N	T	I	C	A	N	O				I			E	
				R											N				
				N											A				
V	A	L	L	O		D	E	L	L	A		L	U	C	A	N	I	A	

V #2

VILLARICCA
VITULAZIO
VALLE DELL ANGELO
VALLE DI MADDALONI
VALLE AGRICOLA
M
VALLESACCARDA
VISCIANO
N
VAIRANO PATENORA

Z #1

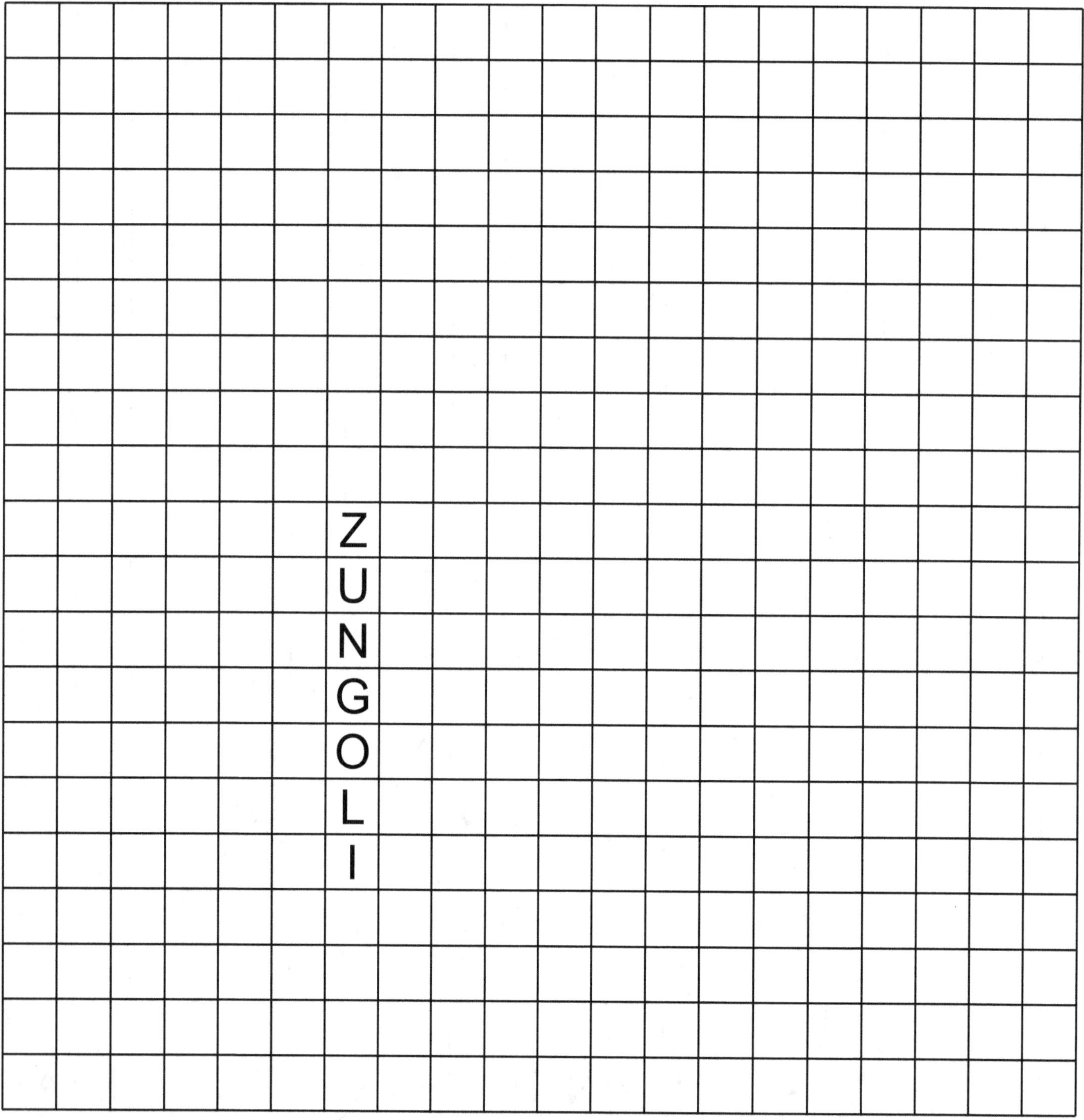

www.ingramcontent.com/pod-product-compliance
Lightning Source LLC
Chambersburg PA
CBHW060110120726
48002CB00013B/3185
9798690892388